U0904580

李吉东 著

山东大学出版社

图书在版编目(CIP)数据

墨子品读/李吉东著. —济南:山东大学出版社,2016.6
(齐鲁文化经典品读/马新主编)
ISBN 978-7-5607-5549-6

Ⅰ.①墨… Ⅱ.①李… Ⅲ.①墨家 ②《墨子》—通俗读物
Ⅳ.①B224-49

中国版本图书馆 CIP 数据核字(2016)第 122100 号

责任编辑:马银川
封面设计:张 荔

出版发行:山东大学出版社
社 址 山东省济南市山大南路 20 号
邮 编 250100
电 话 市场部(0531)88364466
经 销:山东省新华书店经销
印 刷:山东新华印务有限责任公司
规 格:720 毫米×1000 毫米 1/16
11 印张 188 千字
版 次:2016 年 6 月第 1 版
印 次:2016 年 6 月第 1 次印刷
定 价:23.00 元

本书系山东省古籍整理项目“齐鲁文化经典研究”(N.02540903)、山东省文化建设委托项目“齐鲁文化资源研究”(N.56480905)、齐鲁文化名家立项课题“走进齐鲁经典文化”结项成果

《齐鲁文化经典品读》课题组

课题组负责人　马　新

课 题 组 成 员　（以姓氏笔画为序）

马　新　马德青　王玉喜　王其俊
王爱清　巩宝平　刘厚琴　李吉东
李学娟　校　潇　郭　浩　郭海燕

总序

齐与鲁是西周时代分封的两个著名的诸侯国，因都在今山东省的范围内，所以，山东又被称作"齐鲁之邦"。我们习惯上所称的"齐鲁文化"也因此有狭义与广义之分：狭义的齐鲁文化是指齐、鲁两国所创造的文化形态，广义的齐鲁文化则是指春秋战国时代兴盛于齐鲁之邦的所有文化的集合。无论哪一种意义上的齐鲁文化，都是传承与融合的结果，都是多元文化碰撞与交流的产物。

西周分封之前，山东地区西部是殷商重地，东部则是古老的东夷，被统称为"大东"[①]。周公协助周成王分封天下时，将自己的长子伯禽分封到今山东曲阜一带，建鲁国；将姜太公分封到营丘一带，建齐国；将周文王的四个儿子分封到大东地区，分别建立了曹、郜、滕、郯诸国。另外，大东地区被周王朝分封或认可的诸侯国还有东夷建立的莒、莱等国，以及相传为黄帝后裔所建的薛、邳等国；夏王朝的余绪杞、鄫、费。殷商遗国宋国的一部分也在大东地区。以上大大小小合计有六十多国。至春秋战国时代，随着列国的争战

---

① 西周建国初年，为监视东方各诸侯国，实行分区经营。距镐京较近的各诸侯国统称"小东"，较远的各诸侯国统称"大东"。

兼并，山东地区的主要国家演化为齐、鲁、莒、郯、邹等国。南方大国楚、越两国也先后进入山东。越王句践灭吴后，曾迁都琅邪（古邑名，为春秋齐地，在今山东青岛黄岛区琅琊台西北），长期据有山东东南沿海一带；战国后期，赵国还据有今山东的西北地区，楚国则占有了山东中南部，一度出现了齐、鲁、楚、赵并立的局面。

列国的并立与重组实际上也是多种文化的并存与交融。齐、鲁等国的统治者受封而来时，带来了周王朝的礼乐文化，随后便开始了周文化与殷商文化的交融、与东夷文化的交融。比如，鲁国有众多的商奄之民以及殷民六族，殷文化底蕴十分丰厚，鲁国之社祭便是周社与亳社并存，亳社为殷人社稷之所。孔子即是殷人后代，他临终前曾说："殷人殡于两楹之间……丘也，殷人也。予畴昔之夜，梦坐奠于两楹之间。"[①]又如，东夷之俗"好让不争"，"夷俗仁"，这一传统也被融入鲁文化中，成为儒家仁道思想的重要来源。正如王献唐先生所言："孔子本是接受东方传统的仁道思想的，又进一步发展为儒家的中心理论。"[②]齐国之开国者太公到齐地后，其为政方针是"因其俗，简其礼"[③]。齐为东夷故地，"因其俗"就是吸收、接纳东夷之俗，正因如此，才有了"通商工之业，便鱼盐之利"[④]的经济政策，也才有了"仓廪实则知礼节，衣食足则知荣辱"[⑤]的思想特色。总之，周文化、殷商文化与东夷文化构成了齐鲁文化的三大基本来源。

春秋战国时代，周王朝分崩离析，诸侯割据，群雄逐鹿，兼并与融合成为社会政治的主流，文化的交融与迸发造就了中国历史上的百家争鸣。齐鲁之邦是当时最为重要的文化中心，它在西周以来的历史蕴积之上，兼收并蓄，吸纳了宋文化，莒、郯、薛文化，楚文化，越文化以及燕赵文化，等等，成为当时最为繁盛、最具影响力的文化形态。可以说，齐鲁文化是百家争鸣最为丰硕的成果。

春秋时期是百家争鸣的先声期，鲁有孔丘，齐有管仲、晏婴与孙武，而周王室与其他诸国，除老聃外，无可述焉。孔丘创立了儒家学派，有弟子三千，是中国历史上第一位教育家，其倡行"有教无类"，打破了"学在官府"的垄断；其编修《诗》《书》《礼》《易》《春秋》，是中国文化传统的集大成者；其政治思想与社会伦理思想更是奠定了中国历史上正统思想的基础。管仲是一位

① 《礼记·檀弓上》。

② 王献唐：《山东古国考》，齐鲁书社 1983 年版，第 219 页。

③ 《史记·齐太公世家》。

④ 《史记·齐太公世家》。

⑤ 《管子·牧民》。

成功的政治家，也是一位卓越的思想家。他的礼法并重、注重赏罚的政治思想是后世法家学派的重要源头，他的“通工商，官山海”的经济思想则是后世经济家与改革家的重要依据，他关于仓廪与、食与荣辱与礼节关系的宏论直接影响了中国古代社会思想史的发展。其后同出于齐国的晏婴则是颇具影响力的政治家与外交家，他“和而不同”的社会政治思想，致力于俭约的治国理念以及智慧万千的外交作为，对后世都产生了重要影响。晏婴之后的齐人孙武，继承了齐国开国之君太公以来的兵学传统与兵家文化，并在战争实践中升华、光大，成为中国历史上兵家文化第一人。

战国时期是百家争鸣的鼎盛期，诸子学说纵横交织，层出不穷。此时的鲁国虽已没落，但文脉仍在，以其为中心，在邹、鲁、滕、宋、卫一带，形成了众星璀璨的思想文化圈。其中，孔子的后继者子思、孟轲等人形成的思孟学派推进着儒学的发展；出身于儒家的鲁人墨翟创立了墨家学派，提倡兼爱，倡导非攻，在认识论、逻辑学和自然科学上都有重要发现，对中国古代哲学和科学的发展做出了巨大贡献。卫国左氏（今山东定陶西）人吴起早年便到鲁国学习儒学并出仕为武将，后成为战国前期法家的重要代表人物，参与了魏文侯的变法，主持了楚国的变法，对法家思想和兵学文化都有显著影响。宋国蒙（今山东东明一带）人庄周是战国道家的代表人物，认为道为天地万物之本原，“天地与我并生，而万物与我为一”，对中国古代思想与社会影响深远。在这一时期的齐鲁文化圈中，还曾活跃着编撰《春秋左氏传》的鲁人左丘明，远道而至滕国的农家创始人许行及其追随者，工匠之祖师鲁国的公输般（即鲁班，“般”和“班”同音，古时通用，故人们常称他为鲁班），等等。

此时的齐国为战国七雄之一，其官办的稷下学宫是当时无有匹敌的思想文化中心，存续长达一百四五十年。盛时的稷下学宫有学士数百，被赐为上大夫者一度达七十六人，同时代的战国诸子几乎被其网罗殆尽。其中较为著名者，有战国法家三大学派之一的田齐法家的代表人物慎到；有道家黄老学派的代表人物田骈、彭蒙、宋钘；还有儒家孙氏之儒的代表人物荀卿，他主张礼法并用，“隆礼重法”，倡导“法后王”与社会变革，对后世的儒家和法家都产生了较大影响，他的两位高足李斯与韩非子成为战国后期法家的代表人物；名家的代表人物尹文，阴阳家的代表人物邹衍，杂家的代表人物淳于髡等也是学宫之中的佼佼者；而兵学家孙武之后孙膑，是战国时代齐国的军事谋略家，指挥了围魏救赵、马陵之战等著名战役，为兵家文化之重要代表人物；齐人扁鹊提出了望、闻、问、切四诊法，是中国古代医学文化的代表人物；齐人甘德精于天文历算，与石申合著之《甘石星经》是中国古代科学的代表性著作，等等。

总之，春秋战国时代形成并繁荣的齐鲁文化，名家荟萃，洋洋大观，留下了丰厚的文化遗产。一部齐鲁文化史就是一部精编版的中国传统文化形成史，齐鲁文化中的传世经典就是中国传统文化的元典。千百年来对这些经典的诠释汗牛充栋，直到今天，这些经典仍然有着不可替代的品读价值，值得我们站在时代的高度再加品读，以更好地感受齐鲁文化之韵，领悟中国传统文化之魂。

需要说明的是，由于时代久远，齐鲁诸子的著述或散佚，或残缺，我们只能从传世至今的完璧中，选择能够代表诸子本人思想学说者，纳入这套“齐鲁文化经典品读”，计有《论语品读》《管子品读》《晏子春秋品读》《孙子兵法品读 孙膑兵法品读》《墨子品读》《孟子品读》《荀子品读》《庄子品读》，共八种。

既是品读，就要在充分吸收以往齐鲁文化研究成果的基础上，在以往整理工作的基础上，改变传统的古籍整理模式，以当代文化的视角重新梳理齐鲁文化经典，以当代社会的文化符号系统重新解读齐鲁文化经典，突出当代文化的实际需求，拉近社会大众与经典文化的距离，使广大读者能够轻松自由地走进齐鲁文化经典。

从结构上讲，丛书中的每一种书都包括了“人物与文化研究”“原著注释与品读”两大部分内容。在“人物与文化研究”中，旨在实现两个沟通：一是读者与古人的沟通。将人物置于其存在的文化背景中，发掘其文化内涵，寻找其核心精神，找到一个真实而鲜活的历史人物，而不是拘泥于常规的历史人物小传，以便于读者对其了解与认知。二是古文化与当代文化的沟通。着力寻找历史人物与相关文化在当代文化中的价值，以发扬光大中华优秀传统文化。在原著“品读”中，我们力图改变以往古籍类著作注释加翻译的习惯，把主动权交给读者，让读者直接与古人对话，直接亲近经典，自觉接受优秀传统文化的熏陶。因而，重点在疏与解上下功夫，通过恰当的疏与解，引导与帮助读者阅读，而不是越俎代庖。总之，通过对人物与文化的研究，可以更好地了解原著；通过对原著的解读，可以更好地认识与吸纳优秀文化。

这套“齐鲁文化经典品读”丛书，是我们的新尝试，更是我们向齐鲁文化经典的致敬。错谬不足之处，尚请大方之家不吝赐正。

是为序。

马　新

2015 年 12 月于山东大学高阁书斋

早在1949年，德国哲学家卡尔·雅斯贝斯出版了他最有影响力的一部著作《历史的起源与目标》。在这本书里，他提出了一个著名的命题，即公元前800～前200年，尤其是公元前500年前后，是人类文明的“轴心时代”。

之所以说这是一个“轴心时代”，是因为他看到，在这一个时代，在北纬30度上下，即北纬25～35度这一区间的四个地区里，出现了许多令今人瞩目的影响世界文明发展的大思想家，如佛陀、苏格拉底、耶利米、欧里庇得斯、孔子、孟子、老子、庄子、墨子等，在他们身后形成了滋润着人类文明的四个伟大传统，即印度的印度教和佛教、希腊的哲学理性主义、以色列的一神教和中国的儒道思想。

我们可以不必理会“轴心时代”这个命题是否恰当，但是，无论如何我们也不可能忽略这个命题。毫无疑问，人类文明无论是哪一个地区的、哪一个民族的，只要是有历史的，她的人民都会受到其自身所具有的源头性的滋养。这个“轴心时代”的提法的的确确可以给我们许多的启示，可以引发我们许多的思考。

在这个所谓的“轴心时代”里，中国出现了那么多的思想家。他们使我们流连忘返，吸引着我们一次又一次地回到这个“轴心时代”。回溯中国历史，我们可以知道，在这个“轴心时代”之前更有一个“黄金时代”。这个黄金时代，由尧、舜、禹一路而下，一直到了西周文、武、周公时代，形成了一个伟大的礼乐文明。在这个礼乐文明的行程中，人们尊奉人伦道德而构建了一个和谐有序的社会。尽管我们可能大大地怀疑这个和谐有序的社会的真实性，但是我们却不能完全弃置古人的态度而不见——在古人眼里，这个美好的社会是实实在在存在着的。当阅读这个时代所形成的经典时，他们都有一种历史的回归感与认同感，都能从中得到心灵上的喜悦与宁静。其实，今天的我们也不例外，当读到这个时代的经典时，我们也都会陶醉其中。

可以说，中国文化有一种向心力，而这种向心力是与这个礼乐文明的行程凝结在一起的。然而这个礼乐文明的时代到西周末期衰落了，出现了相当大的危机。那个时代的人把这个危机叫作“礼坏乐崩”。于是，“礼坏乐崩”便在后人的思想里定格了，直到今天我们还是这样来指称那个时代的衰落。

恰恰是由于这个时代的“礼坏乐崩”，中国出现了老子、孔子、墨子、孙子、孟子、庄子、荀子等许多思想家，他们如璀璨的明珠呈现在世人的面前。如果我们确实可以用“轴心时代”来观察人类文明史的话，那么“轴心时代”的中国思想家有着迥异于其他三个文明中心的思想家的显著特征。

很显然，那个时代中国的思想家数量之多，是最先引人注目的。而当我们深入他们的心灵的时候，就会发现，他们都在关注着同一个问题，这才是最重要的。有那么多人在关注同一个问题，这也是文化向心力的表现。这些思想家所关注的正是我们刚刚提到过的“礼坏乐崩”。其时，天下已然紊乱失序，不再是一个和谐、太平的天下了。

这个问题本身就是一个结果，是礼乐文明衰落的一个表现。在这种情况下，我们应该怎么办？有这么多的思想家都在拯救天下，这就是中国文化孕育的结果。他们在思考着拯救天下的问题，并且都开出了药方，都提出了理想中的方案。这在人类文明史上也是独一无二的。

大体而言，孔子从俗世人生中，发掘为人之本。他认为，礼乐文明是顺乎人之本性的，只是在他那个时代已经“礼坏乐崩”，徒有其形式，而失去其本了。也就是说，西周礼乐文明本身没有错，错在人们不知其本质精神。所以他说：“人而不仁，如礼何？人而不仁，如乐何？”[①]人是仁的，其本在孝。因为父子之亲是天然的，由此很自然地就能体会出仁之所在，然后人伦关系才

① 《论语·八佾》。

能成立。礼乐者，是外在的表现与规范。所以，真正的人生是离不开日常修为的，必然要由下学而上达。其为政也不离人伦道德之和顺。所以，孔子是从俗世人生的伦理道德入手而渐次回归人之天然本性的。

老子、庄子则主张抛开俗世事务的困扰与纠缠，熄灭一切人为之情伪，而彻底地回归人之为人的先天自然本性，即返璞归真。

墨子最为现实，直接对准社会的弊端。他认为，所有的社会之乱都起于人与人之间不能相爱，所以他提出“兼爱”。他的一切主张都由“兼爱”而发。

我们可以看到，在四大文明传统中，“轴心时代”的中国思想家尤其非同寻常，他们有着共同的深厚的继承传统。如果作一个排列，我们会看得更清楚，前面是尧、舜、禹、汤、文、武、周公，后面接上来的是老子、孔子、墨子、孟子、庄子等。我们从一个历史文化的时代性，可以看到一个历史文化的继承性。我们就是要走近他们的心灵，聆听他们的教诲。当我们这样做时，就会产生一种回归感，会感觉到我们依然生活在这种文化的滋养当中。

在这里，我们将要领略到的是墨子，是以墨子为核心、以墨子为话题，来接通中国大智慧。

关于墨子的解读，重点是领略他的为人、他的光辉思想和理念，而略去了他在科技与军事等方面过于专业性的话题。序言部分是总体的勾勒，文本解读部分是具体的品味，这两部分结合起来，有助于大家对墨子产生一个比较适量的理解。但是，实在来说，这样做只能算是一个浅尝，如果真正想从中获益，读者需要深入经典，慢慢体会。

一、墨子其人

1. 生平简述

关于墨子的生平，历史记载能给我们提供的信息非常有限。大家首先想到的一定是司马迁的《史记》。然而，司马迁关于墨子仅仅写了二十四个字，简略无比。《史记·孟子荀卿列传》的末尾这样写道：“盖墨翟，宋之大夫。善守御，为节用。或曰在孔子时，或曰在其后。”[①]这里是说，墨子名叫墨翟，是宋国的大夫。他善于守战，主张节用。可能与孔子同时，也可能生活在孔子之后。司马迁写《史记》，既披览了大量的文献资料，也进行了实地考察，访问过许多地方的老人。他不能说清楚的事，大概是尽力而为也只能如此了。

---

① 《史记·孟子荀卿列传》。

除了《史记》之外,《荀子》《韩非子》《庄子》《吕氏春秋》《淮南子》等一些书也提到过墨子,但是所有的记载都不详细,我们只能从中获得一个大概的印象。值得庆幸的是,墨子有一部著作传世,这就是他的学生以及其他人为他整理出来,并以他本人来命名的《墨子》。从这部著作中,我们可以想见其人,可以获得思想的启迪与智慧的滋养。

有很多学者利用前面我们提到的这些文献,特别是《墨子》,根据其中涉及的人物与事件等内容,对墨子的生平作过研究,其结论有一些出入。在此我们不必去细致地胪列学者们的研究成果,大概知道墨子生活的年代在孔子之后、孟子之前,在公元前480～前390年,我们能有这么一个印象就可以了。

关于墨子的国籍,学界亦有分歧,大致有宋国、鲁国两种说法。通过对《墨子》的研究,学者们可以肯定的是,墨子的祖先是宋国人,他长期居住在鲁国,确切地说是鲁国的北部。他接受了来自宋、鲁两国文化的双重熏陶。从根本上来说,他身上有根深蒂固的宋国文化的底色,然后又接受了鲁国文化的滋养。

人们经常用"耕读"来概括古代一般读书人的生活,而墨子却是"工读"。其出身平民,在当时士、农、工、商四民阶层里属于工,是小手工业者。他读过很多书,故时人称其为"布衣之士"。他不仅是一个能工巧匠,而且是一个有文化、有理论的能工巧匠,更是一个关怀天下、心有大爱的能工巧匠。他的手工技艺胜于当时的鲁班——他们二人曾经为攻城与守城有过较量,鲁班用尽其技也无法胜他。所以,墨子很了不起。他不仅是一位地位较低的手工业者,还是一位有深厚学养的大师。他有自己的学生,形成了一个修学团体,俨然成为一个学派。他和他的弟子们,在当时有很大的影响力。

墨子的一生,大致与孔子、孟子相同,专注于两件事情:一是培养学生;二是四处奔波宣说,以自己的学说劝勉人主、挽救危难。

2. 学有所承

在西周时期,能够从事教育的机构大致有两个:一个是学校,一个是官守。学校有小学、大学之分,从教授日用礼仪与基本技能而进入高深的学问。官守与职能部门相关,所教的是专业技术与知识,其内容取决于职能部门的性质。

到了春秋时代,这两种教育渐趋衰落,私学方始兴起。世人公认孔子是开办私学的第一人,他的私学承袭学校教育一系,而不是官守之学。

从文献中我们可以知道,先秦时期可读的书并不多。根据《左传》的记载,当时贵族阶层所常称引的书,以《诗经》《尚书》为多,其次是《周易》与《春秋》，还有《礼》《乐》。这些是当时全社会都读的最核心的书。在中国古代，礼乐制度是实实在在地实行的，特别是礼，已经渗透到社会生活的各个方面，但墨子时《礼》与《乐》可能尚未成书。此外，口耳相传的神话传说与历史典故，以及各诸侯国记载的历史，我们可以称之为“百国春秋”，也是很重要的知识来源。

由此可以大致断定，在西周时代，甚至到春秋战国时代，大家所读的基本上都是同样的典籍，能伸缩的范围就是各国史书、历史典故与神话传说。这个时代的学者、思想家有大致相同的学术背景，而这个学术背景又有浓厚的人文气息。

关于墨子的受学渊源，有三种记载，其中最值得注意的是班固的说法。班固在《汉书·艺文志》中说道：“墨家者流，盖出于清庙之守。”[①]“清庙之守”，也就是巫祝，其职责是管理庙中事物，涉及郊祀之礼或其他祭祀之礼，属于官守之学。

第二种记载见于《吕氏春秋·当染》：“鲁惠公使宰让请郊庙之礼于天子，桓王使史角往，惠公止之，其后在鲁，墨子学焉。”[②]这一条记载是说，鲁惠公派人到周天子那里请教郊庙之礼，周天子派来了史角，惠公把他留下来了。史角后人在鲁，墨子跟随他们学习过。这条记载透露了班固记载中所没有的一些信息。

《汉书·艺文志》在说到墨家出于“清庙之守”后，还有一些话值得注意：“茅屋采椽，是以贵俭；养三老五更，是以兼爱；选士大射，是以上贤；宗祀严父，是以右鬼；顺四时而行，是以非命；以孝视天下，是以上同。此其所长也。及蔽者为之，见俭之利，因以非礼，推兼爱之意，而不知别亲疏。”这几句话基本上说出了墨子思想的大致概况。他所学的都是郊庙之礼，在实际的事务中，他体会出了一系列仪式、程序内部所蕴含的意义。祭天奉先，贵质朴，不讲奢华，郊庙也是以茅为屋，以棌为椽，完全以质朴为上。从这里，墨子认识到了天示人以俭。三老五更，也是天子所尊。在郊庙祭祀大堂上设置三老五更之位，天子以父兄之礼养之。由此，墨子体会到了“兼爱”，也如同孟子所说的“老吾老以及人之老”。凡是年老之人，全社会都应当尊重他们，因为他们就是我们的父母长辈。而大射之礼，是通过射箭与投壶较量技艺之高低，场合是在堂上，由此可观其上堂、下堂周旋之礼仪。这种大射之礼由国君主持，非常隆重。参加射礼的人通过这么一个完整的过程，可将其全部仪态与技艺很恰当、很完美地表现出来。所以，通过此礼，可以选士选贤。

---

① 《汉书·艺文志》。

② 《吕氏春秋·当染》。

“宗祀严父，是以右鬼。”这是指墨子注重对先祖的祭祀，尊敬父母，所以他有“右鬼”的思想。“右”是尊崇的意思。“顺四时而行，是以非命”，意即人类的一切活动都是按天时而作、按天时而行，由此墨子体会到了人生的积极意义，认为一切并不是天命所定。最后一点，“以孝视天下，是以上同”，即人的一切活动都应当有统一的标准，国君能以孝治理天下，每个人都不固执己见，而完全是尊上的，这样就不会产生各种各样的分歧。

“墨家者流，盖出于清庙之守。”这一句话概括得非常有道理。当我们读到《墨子》一书时，就会有比较真切的体会。看来，墨子真的是从清庙官守之时体会到了很多东西，他可能具体是以一个巫祝的身份而得到这一切的。墨子也是万幸，他从史角后人那里得到过真传。

第三种记载见于《淮南子·要略》：“墨子学儒者之业，受孔子之术，以为其礼烦扰而不悦，厚葬靡财而贫民，久服伤生而害事，故背周道而用夏政。”[①]这一条记载告诉我们，墨子曾经学过儒者之业，学习过孔子的学问。但他可能对孔子的弟子们的学业不是太满意，对他们所接受的礼颇感烦扰，认为厚葬费财，所以他最终选择坚守清庙之学。

这些记载大致可信。有了这样的受学渊源，又有与其他人大致相同的读书背景的滋养，也有天下乱局中人们对爱的共同呼唤，使得墨子的德性智慧展开了。他对历史文化的理解进入了圣贤之列。

在《墨子·贵义》篇里记有一则墨子论学的故事：墨子要到卫国去，箱子里装了很多书，有一个叫公尚过的学生问他为什么要载这么多书。墨子说，周公旦早上读书百篇，晚上会见士人七十。周公旦白天要辅佐天子，而他自身还能勤于修学到这样的境地，现在我对上没有侍奉国君之事，在下又没有耕田种地的艰难，我怎么能废弃读书呢？其实墨子是自觉地把自己当成了一个可以救世的人，他是主动地学习与接受了中国的历史文化，是学而明之，学而成之。孟子曾经从圣者的角度称道孔子是集大成者。其实，我们也完全可以以此来称道墨子，他同样是一位洞察历史、明了世事的集大成者。

墨子醉心于古代的圣王之道，常常言及三代圣王禹汤文武，曰：“天下之所以生者，以先王之道教也。”[②]这是深于历史的疏通知远之论。又曰：“古之圣王，欲传其道于后世，是故书之竹帛，镂之金石，传遗后世子孙，欲后世子孙法之也。今闻先王之遗而不为，是废先王之传也。”[③]中国历史上多有这种能够传承天下之道的人。由墨子所言，我们足可见其对历史文化的认识与热爱。

---

① 《淮南子·要略》。
② 《墨子·耕柱》。
③ 《墨子·贵义》。

世上有用的学问有很多，无用的学问也有很多。有用与无用，取决于治学者之心智。墨子说："志不强者智不达。"[1]做一切事情，首先必须心愿强；心愿强，亦需有足够的信念，才能调动自己的智慧。这真是一个灼见。墨子以世为务，愿力宏大，理想宏大，因此能产生足够的智慧，这样的智慧才是真智慧。

孔子曾言："君子博学于文，约之以礼，亦可以弗畔矣夫！"[2]君子必须学于文，通过学文而明白事理；同时，须约之以礼，使所学不悖于世用。这样就能够不背离于道。若以孔墨相印证，我们就会明白，博学者决不可以泛滥无归。只有心有所主，才会知道什么是有用之学，什么是无用之学。

墨子的博学是真正的博学，他也确实能约之以礼。礼是为人之道，其心在救世。我们来看他所说的："凡言凡动，利于天鬼百姓者为之；凡言凡动，害于天鬼百姓者舍之；凡言凡动，合于三代圣王尧舜禹汤文武者为之；凡言凡动，合于三代暴王桀纣幽厉者舍之。"[3]从这里我们可以明白，学必有利于行，行必印证其所学。这才是真学，才是真行。这就是墨子的"博物"与"戴行"。读到此，我们也能理解为什么中国的文化能够滋养出那么多的圣人。

我们如果把墨子与老子、孔子放在一起，就能看出其中的意味来。无论是老子还是孔子，都讲求反求本心，探讨人之所以为人的根本。老子讲求返璞归真，而孔子讲求从现实的伦理道德上返归人之本性。墨子则念念不忘尧、舜、禹、汤、文、武之盛治，依然归结于敬天事神。他认为，到了春秋之时，人们都失去了对天的尊崇，所以弊端丛生，于是提倡天志。《淮南子》说他"背周道而用夏政"，所指的正是这种情况。从天志出发，墨子所体会出来的是"兼爱"。我们可以看到，在"礼坏乐崩"的情况下，圣贤之人都在关心这个世界将如何回归正途。其实，中国历史文化的精髓也正在于此。

在墨子那里，他的回归是"兼爱"，"兼爱"是解决一切问题的根本。他不仅学到了，还把自己化作一个"爱"字，投向了天下。他不再有自己，而是有天下。墨子以爱养天下，天下以爱养墨子。

我们从《墨子》书中可以看到，墨子劝喻世人的话总是离不开爱、离不开"兼爱"，也就是离不开一切事情的根本。因为心中没有了爱，社会所呈现出来的当然就是一个乱象——父不父、子不子、君不君、臣不臣。墨子不仅体会到了在伦理道德的深处是心中的爱，而且体会到这个爱是"兼爱"。"兼"就是没有分别，没有你我之别，视天下为一体，爱任何人如同爱自己。

---

① 《墨子·修身》。

② 《论语·雍也》。

③ 《墨子·贵义》。

墨子证得了真正的大智慧，这个大智慧就是“兼爱”。在他看来，不相爱是一切问题产生的根源，而爱是解决一切问题的根本方法。这就是圣人的大智慧。

读书当如墨子，才能真正承继中国历史文化的精髓。

3.行有所守

墨子的行事，是最值得我们现代人学习的。一个出身低微的人，从不放弃自己，从深邃的中国历史文化中汲取营养、获得智慧，力行救世之道而不遗余力，终于达到圣人的境界。墨子的为人行事处处放射出光辉，启迪世人之智。尽管相关的文献不多，但我们还是能得其大概。

最先引起我们注意的是墨子的一个大题目：“修行为本”。墨子讲到：“君子战虽有阵，而勇为本；丧虽有礼，而哀为本。士虽有学，而行为本焉。”①这是《墨子·修身》里讲的为人的根本。很多学者认为《墨子·修身》不是墨子所作，而是其后学接受了儒家关于修身的思想后所作的。其实，圣人无一例外都是自身修持最严、最好的。墨子讲到，士要有学，而能行才是真学。这让我们想起孔子“学而时习之，不亦说乎”的话。习，就是行的意思，行之而成习。墨子所讲的“行为本”，更明确地强调了“学而时习之”的这个“习”字。可以看出，他对学以致用是深有体会的。其所学的一切都是“备世之急”，所行的一切都是救世之急。

这里的关键问题就是自身之修行。墨子接着说：“是故置本不安者，无务丰末；近者不亲，无务来远；亲戚不附，无务外交；事无终始，无务多业；举物而闇，无务博闻。是故先王之治天下也，必察迩来远。君子察迩而迩修者也。”②关于本与末，我们通过墨子的表述可以知道，自身是本，而社会是末。凡事要由本向末，由近及远。“置本不安者，无务丰末”，即自身这个根本如果没有做好，就不可能务求社会事业这个末节的繁盛。“是故先王之治天下也，必察迩来远。”察知并做好浅近之事，才能够使四方宾服。而“君子察迩而迩修者也”，则强调君子检省自身、修好自身。

这样的话语我们可能似曾相识。在《尚书·皋陶谟》中，皋陶对禹说过一段话：“慎厥身修，思永。惇叙九族，庶明励翼。迩可远，在兹。”此话讲得很有条理，从自身开始向外，由近及远。能行之于近，方可推之于远，其理如此。《礼记·大学》里也明确说：“自天子以至于庶人，壹是皆以修身为本。”对任何人来说，修身都是一切事情的起点。墨子又特别指出：“修身见毁而反之身者也。此以怨省而行修矣。”一个人虽然很注重修身，但是仍然受到

① 《墨子·修身》。
② 《墨子·修身》。

别人的批评和指责，这时需要反躬自省，这就是孟子所说的“行有不得，反求诸己”。只有注重修身，才能够懂得责求自身。

在先秦，大概庄子是最能理解墨子的人。《庄子·天下》篇说：“不侈于后世，不靡于万物，不晖于数度，以绳墨自矫，而备世之急，古之道术有在于是者。墨翟、禽滑厘闻其风而说之。为之大过，已之大循。”这一段话是说：自身简约，不示奢侈于后世，节用而对任何事物都不靡费，不事于华丽文饰，严格地以仁义为绳墨规矩来匡正自己，铸造自己，以备世之用。古代的道术学问有以此而成就的。墨子与他的学生禽滑厘听到了这一切非常喜欢。(但是)他们为之太过了，自我修持得太好了，以致世人难以向他们学习。

“古之道术有在于是者”，指的是夏禹。墨子就是以夏禹为榜样而成就自己的。古人认为，任何一个人，只要不自暴自弃，严格地以仁义为绳墨规矩来要求自己，以励其志行，都可以成就自己，都可以“备世之急”。

《天下》篇中又说道：“其生也勤，其死也薄，其道大觳。使人忧，使人悲，其行难为也，恐其不可以为圣人之道。反天下之心，天下不堪。墨子虽能独任，奈天下何！”这是说，他们生活在世上非常勤苦，而死后什么也没有；他们所行之道“大觳”，即太苛严，对一般人来说，“其行难为也”。墨子要完全扭转天下之心，即“反天下之心”，天下之人是不能接受的。墨子虽然能够一己之力承担天下之大任，但是他又能把天下怎么样呢？天下之人不能接受，他又能怎么办呢？庄子洞悉墨子并不能改变人心。但是，他仍给予墨子极高的评价：“真天下之好也。”

墨子严格自励，铸造自己，以备世用，确为世人所称颂。他所走过的路，带着一种牺牲精神，并且以自苦为极。他自己也曾说过：“君子自难而易彼，众人自易而难彼。”[①]品德高尚的君子，在处事时总是自为其难，而使别人为其易者。一般人则是自为其易，而把难事推给别人。这是墨子的君子自道之辞。

墨子之所以对社会能有那么大的担当，应归因于其严格修身。这时我们才能明白墨子所说的“士虽有学，而行为本焉”“置本不安者，无务丰末”；而且也会明白，社会上出了那么多的问题，说来说去，就是大家忽略了修身这个最根本性的问题，持身不严，渐次失去其本而流于其末。即如我们今天，无论是谈腐败还是谈犯罪，谈来谈去，不是别的，就是做人的问题，大家不懂得修身。如果根本出了问题，其末必乱。“本不固者末必几”[②]，说的正是这种问题。

---

① 《墨子·修身》。

② 《墨子·修身》。

行如何修？墨子说："谮慝之言，无入之耳；批扞之声，无出之口；杀伤之孩，无存之心。虽有诋讦之民，无所依矣。故君子力事日强，愿欲日逾，设壮日盛。"[①]"谮(zèn)"是谗毁、诬陷的意思，"慝(tè)"是邪恶的意思。别人对自己的一些谗毁、诬陷和攻击性的言论，不要往心里去。反过来，"批扞之声，无出之口"，即自己也不要去说一些抨击别人的话。关键是，"杀伤之孩，无存之心"，自己心中不要存有丝毫刻毒的念头。这样，"诋讦之民，无所依矣"，即攻击自己的人慢慢地也就没有"用武之地"了。当年颜回请教孔子关于仁的问题，当问到具体如何做时，孔子也说过类似的话："非礼勿视，非礼勿听，非礼勿言，非礼勿动。"[②]圣人都是通过修身而成就自我的，大凡对社会历史真正有大贡献的人，无不是从修身开始的。所以，墨子与孔子所说的根本就没有什么两样。

墨子更进一步讲到："君子之道也，贫则见廉，富则见义，生则见爱，死则见哀，四行者不可虚假，反之身者也。藏于心者无以竭爱，动于身者无以竭恭，出于口者无以竭驯。畅之四支，接之肌肤，华发隳颠，而犹弗舍者，其唯圣人乎！"[③]内在的东西属于天性，是取之不尽、用之不竭的。所以，君子之道，无不基于天性而来。"贫则见廉，富则见义，生则见爱，死则见哀"，此"四行者不可虚假"。也就是说，这一切都是自然而然的，不能弄成虚假的，只要能返之于身就得到了。一切都不是外来的，不能从外强求。所以，根藏于心中的是无穷的爱，表现在行动上就是无比的恭敬，而说出来的就是无比美雅的话。这些墨子都已经体验到了，故而他说："畅之四支，接之肌肤，华发隳颠，而犹弗舍者，其唯圣人乎！"

《周易·坤卦》的"文言"也曾说道："美在其中，而畅于四支。"心中有美，一定会畅发于四肢。所以，《孟子·尽心上》说："君子所性，仁义礼智根于心。其生色也，睟然见于面，盎于背，施于四体，四体不言而喻。"[④]仁义礼智是根植于心性，然后表露于外的，是清和润泽之貌。其盈溢于身体，也不待言。读此可知，大圣之人其言略同，真实不虚，因为那是他们的真实境界。

墨子的一切均来自这个"行为本"。"行为本"是一个人一生的修持。墨子真正是一位言行不离其本的圣人，且其行由本达末，由自身而到社会。他为社会奔波，解难救纷，以期天下太平。前文中我们说过，凡是对于社会历史真正有大贡献的人，都是从修身开始的。这里我们还应当再加上一句话，

---

① 《墨子·修身》。

② 《论语·颜渊》。

③ 《墨子·修身》。

④ 《孟子·尽心上》。

那就是：也是以修身而终的。这就叫善始善终，始终如一。

凡是读过《墨子》的人，都会折服于他的博学。如果用我们今天的话来说，墨子所学已涉及了政治、军事、哲学、伦理、逻辑、科技等方面，而科技方面又可分为数学、机械、光学等。但如果这样来描述他的博学，无异于割裂墨子之学。确切地说，墨子之学是博大，因其厚德而承载了世间的真学问。

墨子不仅学有所承，学有所本，而且行有所守，行有所归，能“备世之急”。可以说，墨子行世，有学有行，学行相得。

二、爱的社会向往

1. 其道不怒

墨子所处的时代已经进入战国争雄的状态。当时的谋士很多，有不少人为谋取私利而穿梭于各国之间。墨子是一个悲天悯世的人，他在奔波，在劝阻战争，在宣讲“兼爱”仁义之道。他要谋求的利是天下之太平。

墨子应世而生，好像是一个传奇。作为一个出身低微的小手业者，墨子是从清庙之官守，或者说是在从事这个清庙之官守的事业当中学到了、体会到了其中真正的东西。

然而，墨子又不是一个传奇。因为任何一个人只要能真心对待生活，真心对待其所从事的事业，真心对待这个世界，那么无论他处在怎样的环境里都会体会到、证悟到宇宙人生的大智慧，即德性智慧。

墨子出身低微，这使他对诸多平民人生的疾苦有足够深刻的体会，其“兼爱”思想的提出，有其发生的切实的根由；而他修行之严，也有其合乎逻辑的可能性。从清庙之守中，他领悟到了礼的真实意义。尤其重要的是，墨子身处乱世，与世人同苦，他看到世人之痛苦，如同身受，由此产生了对天下的关怀和对世人的关怀。悲天悯世，其实就是与世同苦。一个人若能与世同苦，自然而然就想要解救天下之人。墨子的兼爱，具有佛家所讲的“慈悲”的内涵。所以庄子也说：“墨子泛爱、兼利而非斗，其道不怒。”[①]“其道不怒”，是指对世间的人、事、物没有怨怒。庄子的话讲得真是太好了，他是真正能理解墨子的人。我们在《墨子》中可以看到，墨子讲话的对象是上层社会，是人君，是士君子。对于他们，他没有怨怒，从不发言抨击他们，亦无指责他们之辞。兼爱无差等，这才是博爱。他心中有爱，所以对他们，他有期待，有言教。《道德经》有言：“圣人常善救人，而无弃人；常善救物，而无弃物。”[②]墨子

---

① 《庄子·天下》。

② 《老子》第二十七章。

就是这样一个人。

“其道不怒”，可以换用《周易》里的话来概括，叫作“厚德载物”；而在《老子》中，则叫作“爱养万物”；在孔子那里，则名为“忠恕”。

“厚德载物”，即指德之厚，能承载万事万物。如此才是真正的智慧，如此才是大智慧。“其道不怒”“忠恕”，都是智慧之行。如此一来，世间的学问也就简单得多了。墨子能够“备世之急”，其原动力正在于此。

道大德大，知所根本，于一切事务都会有具体的表现。墨子对于如何治理天下，逐渐形成了十分明确的认识。墨子有一个弟子叫魏越，他曾经问墨子，如果见到四方之君子，也就是各国国君，应该跟他们先说什么。墨子回答说：“凡入国，必择务而从事焉。国家昏乱，则语之尚贤、尚同；国家贫，则语之节用、节葬；国家熹音湛湎，则语之非乐、非命；国家穴僻无礼，则语之尊天、事鬼；国家务夺侵凌，则语之兼爱、非攻。故曰择务而从事焉。”[①]墨子告诉魏越，要“择务而从事”，要知道国家需要什么，或者说要知道国家大症是如何表现的，才能对症入药，顺治其病。墨子所言看似简单朴实，实则道理深邃。只有大德之人才能这样认识问题，也只有大德之人才能这样培养自己的学生。这才是真正爱利天下。

墨子对天下不好的现象并没有什么怨怒，而是悯之；他是真心地爱世人，所以总是在耐心地教导世人。我们如果能细心地读一读《墨子》，对于这一点就应该有深刻的感受。墨子从不言辞激烈地抨击社会乱象，而是发出警世之语，如“今天下之士君子，知小而不知大”，可见其劝世心切。在墨子眼里，他们只是不觉悟、不明事理的人。他是在完成一个伟大的功业，这不就是孟子所说的“先觉觉后觉”吗？

2. 兼爱永世

一个充满爱的社会是人人向往的。但是，具体到每一个人，他却未必知道该去为社会做些什么，很多人可能只会为自己开辟一条小路，而不会为他人着想。我们有幸能读到《墨子》一书，领略到两千多年前一位圣人的胸怀与爱心。

《墨子》里面有三篇《兼爱》，记载着墨子最伟大的思想，集中表达了墨子对爱的社会的向往。这样的文献在那个“轴心时代”是不多见的，在儒家的经典里也只有《礼记·大同》可与之媲美。从兼爱世界、大同世界来看，圣人之心都是相通的，而圣人的心与所有人的心也是相通的，这样才能为天下人立命。

---

① 《墨子·鲁问》。

这三篇《兼爱》的内容多数相似，有的学者猜测可能是墨子的三个学生听老师宣讲而各自作的记录。其实它们更像是在三个不同场合下以"兼爱"为主题的宣讲，好像今天的学者作报告，同一个报告作了三次，因此内容同中有异。"兼爱"的提出，源于那个天下大乱的时代的呼唤。乱世中关怀天下的人，一定会有痛切的感受与彻底的思考，一定会有伟大的思想提出来。从中我们也可以看出中国文化的向心力，先知先觉的人总是在想如何实现天下大治。前人在思考，后人也在思考，是思考的继续与完善，所以会针对同一个问题提出不同的解决方案。

墨子说："仁人之所以为事者，必兴天下之利，除天下之害，以此为事者也。"[①]他希望仁人，即天子、卿大夫，也可以是士君子，兴利除害。

兴利除害，关键在于除害。墨子所说的"害"不是别的，是天下不能和谐相处。墨子说道："今若国之与国之相攻，家之与家之相篡，人之与人之相贼，君臣不惠忠，父子不慈孝，兄弟不和调，此则天下之害也。"[②]具体来说，国与国相攻，卿大夫之间家与家相篡夺，社会上人与人相贼害，君臣不知惠忠，父子不能慈孝，兄弟不能和调，这就是天下之害。这是典型的中国人的思维方式，看问题都离不开和谐生存这个根本。除其害，是除其害之根，而不是在末节上用力。

为什么会出现这样的患害呢？墨子明确地指出："以不相爱生。"他解释说：今诸侯独知爱其国而不爱他人之国，是以不惮举其国以攻他人之国。今卿大夫独知爱其家，而不爱他人之家，是以不惮举其家以篡夺他人之家。今人独知爱其身，不爱他人之身，是以不惮举其身以贼杀他人之身。是故诸侯不相爱则必野战。卿大夫不相爱则必相篡杀，人与人不相爱则必相贼害，君臣不相爱则不惠忠，父子不相爱则不慈孝，兄弟不相爱则不和调。总之，"天下之人皆不相爱，强必执弱，富必侮贫，贵必敖贱，诈必欺愚。凡天下祸篡怨恨，其所以起者，以不相爱生也，是以仁者非之。"[③]

看到这样的论述，我们立刻就会想到，人类在很多时候表现出来的思想真的是太自私了。一自私，就失去了和谐，就导致天下之乱。自私是所有患害的真正根源。墨子所谓除害，就是除其自私自利的根源。

世上一切问题的根源在于人的内心。心中若没有了爱，则一切的行为都变得不可琢磨。墨子说，天下之祸篡怨恨所产生的根源，是不相爱，是心中无爱。一旦这个地方出了问题，则一切都会有问题。墨子抓住了问题的

---

① 《墨子·兼爱中》。

② 《墨子·兼爱中》。

③ 《墨子·兼爱中》。

根本，他的着眼点也正在这里，所以他才说："以兼相爱、交相利之法易之。"也就是说，把这个自私的根拔除，易之以"兼相爱、交相利"，就从根源上找到了解决问题的方法。

我们可以想象得出，若把根换成了"兼爱"，那么长出来的自然就是一棵爱的大树。对此，墨子讲道："视人之国若视其国，视人之家若视其家，视人之身若视其身。是故诸侯相爱则不野战，家主相爱则不相篡，人与人相爱则不相贼，君臣相爱则惠忠，父子相爱则慈孝，兄弟相爱则和调。天下之人皆相爱，强不执弱，众不劫寡，富不侮贫，贵不敖贱，诈不欺愚。"[①]

在这里，墨子正式提出了"兼相爱，交相利"这个伟大的命题，简而言之就是——"兼爱"。对于"兼爱"，我们很难予以准确翻译，但意思很明白。兼，就是视天下为一体，没有你我之别。用孔子的话来说，也就是"泛爱众"[②]。当我们能这样爱别人时，别人也这样爱我们，这叫"交相利"。换用今天的话就是："我爱人人，人人爱我。"每个人都爱所有的人，所有的人也都爱每一个人，那么，这个"兼相"与"交相"的意味就能体会出来了。

问题是，大家都抱着个人的私利不放，有谁能够听得进去呢？又有谁愿意这样去做呢？这就是不明事理，不知道人类的福祉从哪里来。对此，墨子是有深刻思考的。他说："夫爱人者，人必从而爱之；利人者，人必从而利之；恶人者，人必从而恶之；害人者，人必从而害之。"[③]关于这一点，他在《墨子·大取》一篇里面也有所论："爱人不外己，己在所爱之中。己在所爱，爱加于己。伦列之，爱己，爱人也。"这句话的意思是说，爱人并不是要把自己排除在外，自己也在所爱当中。自己在所爱当中，爱当然也会加于自己。同样的道理，懂得爱己才能够爱人。

这是墨子教给我们的道理——如果不会爱己、不懂得爱己，也就不会爱别人。只有自己体会到爱是什么，才会用那个爱去爱别人。自身体会不到爱，也就不会去爱别人。自身拥有美好，所表现出来的就是美好。用佛家公案来说，自身热，才能使被子温暖；被子温暖了，才能反过来温暖自己。是被子暖自己呢，还是自己暖自己呢？曾子也说过："出乎尔者，反乎尔者也。"[④]意思是，你发出去的是什么，返回来的就是什么。这样我们就能体会到"我爱人人，人人爱我"。

---

① 《墨子·兼爱中》。

② 《论语·学而》。

③ 《墨子·兼爱中》。

④ 《孟子·梁惠王下》。

3. 拒绝攻伐

《左传・成公十三年》曰："国之大事，在祀与戎。"可见祭祀与征伐，是春秋战国时期诸国最大的两件事情。且不说祭祀，只说征伐，也就是战争，它确实是自古及今未能避免的大事。按理来说，战争在任何时代、任何社会都是人类自身罪恶的极端表现。它始终困扰着人类，且在今天的世界里愈演愈烈。《墨子》很早就在讲这个问题了，所以，读一读《墨子》，对我们也是有智慧性的启发的。

墨子提出"兼爱"，就是因为他对征伐感到极为痛心。他说："凡天下祸篡怨恨，其所以起者，以不相爱生也。"①不相爱才有了祸篡怨恨，才有了极端的战争。所以，凡是讲到"兼爱"，必然要讲到"非攻"；凡是讲到"非攻"，必然要回归到"兼爱"。

墨子深深地认识到人们在这个问题上的混乱与虚假，特别是士君子，谓其知小而不知大，谓其分辨义的标准是不明的。这样一些人所传播的理念，对世人会产生严重的误导。所以，墨子在谈这个问题时，首先要指出那些士君子所持有的错误的理念。其实质就是不明白事理，不懂得道义。

在《非攻上》中，墨子讲道：偷盗有罪，这是常理。小偷小罪，大偷大罪，这也是常理。为何有罪？因其不义也，因其不仁也，因其亏人自利也。所作越多，所作越大，则其罪越重。这也是常理。这样的事情，人见人非。同理，人与人相杀，杀一人则一死罪，杀十人则十死罪，"天下之君子皆知而非之，谓之不义"，这也是很明显的。这就得出一个结论："今小为非，则知而非之。大为非攻国，则不知非，从而誉之，谓之义。此可谓知义与不义之辩乎？是以知天下之君子也，辩义与不义之乱也。"②至于攻国，当面临这样的事情时，当面临这种大规模地伤害人的性命的极为罪恶的事情时，我们的判断标准立刻就发生了混乱，不知道义是什么了。

墨子明确提出"非攻"，即拒绝攻伐。他一方面讲"兼爱"，讲"非攻"，一方面又在研究攻守之术，训练他的学生在遇到紧急情况时，能够用自己的力量来阻止战争。在那个时代，圣人真的是用心良苦，苦心于救本的同时，也致力于救末。

墨子苦苦地劝喻世人，实际上是在劝喻各国国君，希望他们停止战争。战争不是人类所需要的，对任何人都是不利不义的行为，它破坏与颠倒了人类生存的价值观念。墨子告诫那些当政者，古代的王公大人为政于国家者，"当攻战而不可为也"。所以，"古者有语：'谋而不得，则以往知来，以见知

---

① 《墨子・兼爱中》。

② 《墨子・非攻上》。

隐。’谋若此，可得而知矣”[①]。就是说，如果我们不明白其中的道理，“谋而不得”，那最好的办法就是借鉴历史以往知来，以能见得到的事情而探知里面隐含的道理。

墨子历数征战之弊，计有废民耕作，废民收获，浪费军用物资，百姓冻死、饿死、病死、战死以及使国家萧条等等，“夺民之用，废民之利，若此甚众”[②]。既然如此，他们为什么还要去征战？

墨子为他们找到了第一个理由：“我贪伐胜之名，及得之利，故为之。”对此墨子回答说：“计其所自胜，无所可用也。计其所得，反不如所丧者之多。”[③]这个回答一针见血地指出，所有的战争都是无知而愚蠢的行为，都是得不偿失的。

墨子还为他们找到了第二个理由，即通过战争可以迅速“广地众民”[④]。这实在不是什么好的借口。的确有那么几个国家通过战争得到了想要的东西。但是，这是不义的。墨子以医生之用药作譬。医生让天下之病患皆服其药，如果万人服之，只有四五人得利，那么他就不是好医生，因为其他人皆受其害。一个有道心的人，是要使国家得到正常的发展的，不可以用这种不义的办法。这绝不是什么正道，因而也就不是常道，正如《左传》所说，“多行不义必自毙”。

墨子曲尽心思，说尽“非攻”之理。他又揭示出攻伐者的第三个理由：我能收用兵众，攻于天下而天下宾服。意思是说，我能号令聚集我的军队而他们都不能，所以我攻于天下，天下莫不宾服于我。这是一种霸道的心态，简直就是很直白地说，“我就是要以武力收取天下”。

墨子要告诉他们的是，当一个国家靠战争得来表面繁荣之时，其恶果已经同时来临。一旦把国家领上攻战之途，这个国家的命运就已经在可预测的范围之内。墨子曾强调，不义不富，不义不贵。不义而富且贵，并不是什么好的兆头。墨子所讲的是人间之正理。

他没有办法把这些道理给那些人讲明白，所以只能针对他们的心理一一设问、一一开示、一一点拨。“君子不镜于水而镜于人。镜于水，见面之容；镜于人，则知吉与凶。”[⑤]他们即使想不明白，难道就不会往观历史、近观现实吗？但是他们想到的只是自己的私利，而不会为他人着想。所以，这样

---

① 《墨子・非攻中》。
② 《墨子・非攻中》。
③ 《墨子・非攻中》。
④ 《墨子・非攻中》。
⑤ 《墨子・非攻中》。

的人对于墨子的“非攻”思想是反对的。他们会说，墨子反对攻伐，“非利物”。用今天的话来说就是，墨子“非攻”不利于社会的发展。这样的逻辑使人哭笑不得。现在看来，战争只不过使几个大国得利而已，而全天下的人都要遭受其害，哪里是什么有利于社会的发展？

墨子对攻伐的思考非常细致。他涉及了许多话题，要将攻伐者可能存在的心态都加以拷问。但无论如何，他都是所见真切而立足严正，因此他分析问题也是一以贯之。

他为他们找到了最后一个理由：“我非以金玉、子女、壤地为不足也，我欲以义名立于天下，以德来诸侯也。”[①]这是堂而皇之的借口，攻伐别的国家，是为正义而来，要以德博得天下各国的归附。我们可以看到，再也没有比这个理由更冠冕堂皇的了。

其实，这正是墨子想要讲的。墨子说：“今若有能以义名立于天下，以德来诸侯者，天下之服可立而待也。”[②]天下苦于攻伐久矣，如果真能做到以义名立于天下，那么事情就简单了，因为这是正路。

墨子讲了很多，也做了很多。他要以义导利天下，以爱平抚天下。他反对攻伐，同时也对守战作了相当深的研究。《墨子》书中对备城门、备高临、备梯、备水、备穴以及迎辞等守城之法，从人员到器械到战术等都有论述。而且，他可能也训练过自己的弟子，因为他在止楚攻宋时提到过其弟子们已在宋国守候。

有人说，墨子有以暴制暴的思想。这完全是对圣人的误解。墨子根本就没有带领他的弟子们去向楚国等问罪，他没有用暴力制止战争的行为，他只是在讲道理。但是，他也要让他们看到，即使你们动武也是必败无疑。也就是说，无论从理论上还是从行动上，他都要让他们心服。他一定要制止战争，也一定要制止将要发生的具体的某一战争。对那些好战之国来说，他的弟子们是具有威慑力的，但这也是不得已的事情。最关键的是晓之以义，晓之以理，从根本上来解决问题。有一件事可以为此证明。我们前文已提到钜子之事，孟胜死难阳城，当时孟胜和他所领导的众多的墨者都是自杀而死，而不是战死与拼死。所以，如果有人说墨子有以暴制暴的思想，这是不理解圣人。

仁爱观世，静心观世，我们就会明白，中国人为什么会爱好进步与和平。中国人不仅有极为痛苦的经历与感受，更有历史智慧的继承与积淀。圣人的思想一直充满光辉，一直在照耀着这片土地。我们所书写的历史，里面有

---

① 《墨子·非攻下》。

② 《墨子·非攻下》。

一条仁爱的主线。我们应该知道，中国人爱好进步与和平的思想对于人类社会的发展有着伟大贡献和进步意义。

三、天的价值判断

1. 苍天在上

在中国古人的观念里，天是至高无上的。汉班固《白虎通义·天部上》解释说："天之为言镇也，居高理下，为人镇也。"[①]这是说，天就是"镇"的意思，也就是居高而理下。而许慎在《说文解字》中直接就说："天，颠也，至高无上。"即天在我们头上，是至高无上的。天与我们在一起，每个人都顶着天，每个人都在天之下。

我们都在天的爱养之下，同时也都在天的监临之下，所以要知所敬畏、有所敬畏。这就是古人的思想。当人无所畏惧，特别是对天失去了敬畏之心的时候，灾难的降临也就不可避免了。因为不想接受天的监临，也就不能受到天的爱养。如果连天都不敬畏了，还有什么可敬畏的？其结果就是肆无忌惮，自取其祸。当时墨子面临的正是一个"天下之人头顶着天而不知有天"的局面。墨子说："今天下之士君子，知小而不知大。"[②]也就是说，天下的士君子仅仅看到自己眼前的事情，根本就不知道还有天存在，言外之意就是不明事理。所以，墨子要讲天志。墨子说，我们所做的一切事情都要以天为依据，要为天之所欲，而不为天之所恶。"戒之慎之，必为天之所欲，而去天之所恶。""天之所欲者何也？所恶者何也？天欲义而恶其不义也。"[③]

这是一个自然的逻辑式的传递。墨子说："义者，正也。"因为"天下有义则治，无义则乱"，所以，只有义才能正天下。"然而正者，无自下正上者，必自上正下。"墨子解释说，庶人不得以低于己者而为正，有士正之；士不得以低于己者而为正，有大夫正之；大夫不得以低于己者而为正，有诸侯正之；诸侯不得以低于己者而为正，有三公正之；三公不得以低于己者而为正，有天子正之；天子不得以低于己者而为正，有天正之。很显然，墨子认为只有以上正下，而不可能以下正上。[④]

"今天下之士君子，皆明于天子之正天下也，而不明于天之正天子也。"[⑤]

---

① 《白虎通义·天地》。

② 《墨子·天志上》。

③ 《墨子·天志下》。

④ 《墨子·天志下》。

⑤ 《墨子·天志下》。

这是最关键的一环。天子不可以任意而为，必以天为其正。“故天子者，天下之穷贵也，天下之穷富也。故于富且贵者，当天意而不可不顺。顺天意者，兼相爱，交相利，必得赏。反天意者，别相恶，交相贼，必得罚。”所以“天下有义则治，无义则乱”，其最终的依据是天，而不得以人之好恶所欲代之。①

这种朴素的天命观，无论在《尚书》中，还是在《诗经》《左传》《国语》中都很常见。例如，古文《尚书・仲虺之诰》中提到：“钦崇天道，永保天命。”②意思是恭敬地尊崇天道，就能永保天所赋予之命。《汤诰》中也讲到：“天道福善、祸淫。”③意思是天的法则是给好人降福，给恶人降祸。《伊训》则说：“惟上帝不常。作善，降之百祥；作不善，降之百殃。”④墨子所说的与这些是相同的，只不过他把义和“兼爱”归之于天道而已。我们可以看到，古人总是把美好的理念归于天意，以此来令人信服、崇尚。这也就是以天道设教的意思。所以，天绝不是个人与国家民族命运的主宰者，而是善与美、爱与义的最高支持者，是暴恶、不义的惩罚者。人的一切所作所为要顺应天意，而吉凶祸福完全取决于自身之所为。

其实圣人所说的话，也并没有什么高明之处，只不过是庸言庸行。但是，圣人与一般人的区别是，他们对这样朴素的天命非常虔诚、非常恭敬，他们明白天命的真实含义。墨子说：“天下有义则生，无义则死；有义则富，无义则贫；有义则治，无义则乱。”⑤这话讲得通俗易懂。我们一般人就是在这样通俗而简单的地方不加措意，而圣人之所以是圣人，就是因为他们最懂得在这样基本的地方、在这样大的道理上用心。

我们往往舍本而求末，去求高深之理。其实如果把最基本的道理排除在外，剩下的也就没有什么了。墨子所说的这些话语广泛地流传于民间，老百姓一听就能领会。反而是一些士君子未必能懂，他们总认为自己很高明，也无怪乎墨子说“今天下之士君子，知小而不知大”，其实也就是无知。

墨了体会得越深，就越急于劝喻天下之士君子和当政者要知所敬畏、有所敬畏。天欲义而恶不义，所以，“率天下之百姓以从事于义，则我乃为天之所欲也。我为天之所欲，天亦为我所欲”；“若我不为天之所欲而为天之所不欲，然则我率天下之百姓，以从事于祸祟中也”。⑥“杀不辜者，天予不祥。不

① 《墨子・天志上》。

② 《尚书・仲虺之诰》。

③ 《尚书・汤诰》。

④ 《尚书・伊训》。

⑤ 《墨子・天志上》。

⑥ 《墨子・天志上》。

辜者谁也？曰人也。予之不祥者谁也？曰天也。”[①]然而墨子最终想表达的是义。所以他说：“今天下之士君子之欲为义者，则不可不顺天之意也。曰：‘顺天意者何若？’曰：‘兼爱天下之人。’”“今天下之士君子，欲为义者，则不可不顺天之意矣。曰：‘顺天之意者，兼也；反天之意者，别也。兼之为道也，义正；别之为道也，力正。’”[②]兼，也就是“兼爱”。别，也就是相恶相攻。所以，兼爱之为道，就是义政；而相恶相攻之为道，则是力政，也就是以武力相伐交战。

义政具体是指：“大不攻小也，强不侮弱也，众不贼寡也，诈不欺愚也，贵不傲贱也，富不骄贫也，壮不夺老也。是以天下之庶国，莫以水火毒药兵刃以相害也。若事上利天，中利鬼，下利人，三利而无所不利，是谓天德。故凡从事此者，圣知也，仁义也，忠惠也，慈孝也，是故聚敛天下之善名而加之。是其故何也？则顺天之意也。”[③]

而力政具体是指：“大则攻小也，强则侮弱也，众则贼寡也，诈则欺愚也，贵则傲贱也，富则骄贫也，壮则夺老也。是以天下之庶国，方以水火毒药兵刃以相贼害也。若事上不利天，中不利鬼，下不利人，三不利而无所利，是谓之贼。故凡从事此者，寇乱也，盗贼也，不仁不义，不忠不惠，不慈不孝，是故聚敛天下之恶名而加之。是其故何也？则反天之意也。”[④]

墨子以三篇《天志》反复表达了一个思想，即天下士君子、为政者必须敬天、畏天，顺天之意，承天之志，兼爱而非攻。

2. 大国之责

墨子的“兼爱”思想来自于对天的好生之德的深刻认识，来自于对天下失序而生民痛苦的深刻体察。墨子生活的时代已进入战国状态。所谓战国，是指那些国力强盛能够征战的国家。当时，天下已不是天下人的天下，而是这样一些国家的天下，处于几个大国活跃的时期，因此，人们很自然地称这一段时期为“战国”。

汉刘向在《战国策·书录》里说，那时“万乘之国七，千乘之国五，敌侔争权，尽为战国”。史学家司马迁在《史记·天官书》里说：天下大乱之后，“自是之后众暴寡，大并小，秦、楚、吴、越，夷狄也，为强伯。田氏篡齐，三家分晋，并为战国”[⑤]。也就是说，秦、楚、晋等国灭弱国、吞小国，个个都成为能征

① 《墨子·天志中》。
② 《墨子·天志下》。
③ 《墨子·天志下》。
④ 《墨子·天志下》。
⑤ 《史记·天官书》。

善战之国。我们用“战国”这个词来指称一个时代，是人类的悲哀与无奈。

战争就是杀戮。人世间最残酷、最能给人带来苦难的莫过于战争。天下失序，是极为可怕的事情。所以，老子强调要返璞归真，回归人的本真。孔子讲仁义、讲礼，也是要回归人的本性。墨子讲“兼爱”“非攻”，是要直接制止目前大国征伐不休的乱局。《墨子·节葬下》说：“昔者圣王既没，天下失义，诸侯力征。南有楚、越之王，而北有齐、晋之君，此皆砥砺其卒伍，以攻伐并兼为政于天下。”[①]这就是当时墨子所处的时代。楚、越、齐、晋相继通行于天下，为害天下不浅。后来司马迁评论这些大国时也说：“争于攻取，兵革更起，城邑数屠，因以饥馑疾疫焦苦，臣主共忧患。”[②]我们难以想象，墨子身处其世，他这样一个忧世之人是多么的痛心！

据《墨子》记载，墨子一生阻止过三次战争。第一次是齐国攻打鲁国。齐国的田和篡夺了齐国政权，史称齐太公。甫立国就要攻打鲁国。墨子先安定了鲁国，然后去劝阻齐太公田和。他使齐王明白：杀人以试刀之锋利，试刀者将遭受不祥；而兼并别国领土残杀更多的生命，掠夺者将遭受不祥。墨子不可能以大义劝喻齐王，只能示之利害。所谓“君子喻于义，小人喻于利”，过深的道理齐王一时间是接受不了的，墨子只能如此。第二次是楚国攻打宋国，情势比较危急。墨子先难公输盘，后以智折服楚王，这在历史上是非常著名的一件大事。第三次是鲁阳文君要攻打郑国，还是被墨子以义说服而取消攻郑的打算。

墨子三次制止大国、强国的攻伐，实在令人钦敬。由此我们可以看到，墨子是一位真正关心天下的人。他对历史十分清楚，又时刻注意各国动向，因此既可以讲授大义，也可以奔赴急难。但是，他这三次阻止战争，都不可能使问题得到根本性的解决。要想使这些国君真正明白“兼爱”的道理，并非一日之功。因而墨子不得不立说，阐明义理，以期待世人的觉醒。

按照中国传统的思维，政与教是以上化下的，墨子当然也是这样的思维，所以他在《天志下》里面讲过“正者，无自下正上者，必自上正下”。这样，面对天下之乱他就会说：“圣人以治天下为事者也，不可不察乱之所自起，当察乱何自起？起不相爱。臣子之不孝君父，所谓乱也。”乱就是这样才发生的。具体来说就是：“子自爱不爱父，故亏父而自利；弟自爱不爱兄，故亏兄而自利；臣自爱不爱君，故亏君而自利，此所谓乱也。”

其实，无论什么样的“上”，对“下”都是有责任的。大国与其他兄弟国，虽然不是严格意义上的上下关系，但是，大国的地位与作用却不是小国能比

---

① 《墨子·节葬下》。

② 《史记·天官书》。

的，大国俨然在上位，各诸侯国确也视其为兄长，所以其一举一动备受瞩目。大国行事，可以代表人类文明的发展方向，其责不在小。春秋战国，这一段由几个大国主导的历史，着实可令今人反思。

《墨子·天志中》讲过："义者，善政也。……天下有义则治，无义则乱。"他希望大国能够实行义政。实行义政，就是顺天之意，就是"兼爱"。"兼者，处大国不攻小国，处大家不乱小家，强不劫弱，众不暴寡，诈不谋愚，贵不傲贱。观其事，上利乎天，中利乎鬼，下利乎人，三利无所不利，是谓天德。"

这里墨子提出了"天德"。作为大国，应当做到大不攻小、强不劫弱、众不暴寡，带领大家上敬畏天，中奉事鬼神，下爱利百姓。如此可称为"天德"，可称之为："此仁也，义也，爱人利人，顺天之意，得天之赏者也。"[①]我们注意到，鲁国阳文君要攻打郑国，其借口竟然是顺天之志而助天之诛。墨子指出，郑国人三杀其君，上天已经惩罚了他们，使他们三年不顺。你们现在攻打郑国，就如同一个父亲拿着木棍教训邻人之子，责其不成器，这完全是悖理的行为。而且，攻打别国，必将遭受上天的重罚。

大国、强国尤其要讲"天德"。真要想使自己强大，真要想赢得其他国家的尊重，绝不是靠力征能实现的。"今若有能以义名立于天下，以德来诸侯者，天下之服可立而待也。"[②]这才是大国、强国所应该求取的，这样的国家才能真正具有引领作用。

墨子反复强调，大国有引领天下、爱抚天下的责任与义务，其最基本的是要以"天德"而自立。若以大以强而欺小欺弱，则是不合天道的。

3. 一同于天

我们在《庄子·人间世》中可以读到这样的话："夫道不欲杂，杂则多，多则扰，扰则忧，忧而不救。"[③]这是说，如果一个人的内心混乱烦杂，什么样的思想见解都有，没有一个根本性的思想统摄全体，就会产生很多事端，事端多了就会纷扰不决，纷扰不决就会带来祸患，而祸患来临时他也不知道如何去挽救。一个人是如此，一个社会、甚至天下也是如此。

人们总是以自己的所知所见去判断世界，去决定自己的言行。知一，则只能用一；知二，则只能用二。知到什么程度，就用到什么程度；知到什么样子，就用到什么样子。问题是，我们的所知所见是真知真见吗？

也正是因为每个人都像这样各依我知，所以在这个世界上没有两个人的所知所见是完全相同的。《墨子·尚同上》说："古者民始生，未有刑政之

① 《墨子·天志中》。

② 《墨子·非攻下》。

③ 《庄子·人间世》。

时，盖其语，人异义。是以一人则一义，二人则二义，十人则十义，其人兹众，其所谓义者亦兹众。"墨子所说的也是这种情况。他说古时候人类刚刚产生，还没有刑法与政治，这时人们所说的话，意见不同。一人则一义，二人则二义，十人则十义，人越多，其义也越多。"是以，人是其义，以非人之义，故交相非也。是以内者父子兄弟作怨恶，离散不能相和合。天下之百姓，皆以水火毒药相亏害，至有余力不能以相劳，腐朽余财不以相分，隐匿良道不以相教，天下之乱，若禽兽然。"每一个人都认为自己所看到的是对的，而别人所看到的是错误的。这样就会排斥别人、攻击别人，"人是其义，以非人之义"，以致"交相非"。夫妻之间会争吵，兄弟父子之间也辩论，这样一家人也就产生了怨恶，相互离散而不能和谐地生活在一起。这里更涉及一个利益的问题，一系列的问题都会发生，天下之乱，就像禽兽一样了。

如果我们说："无所谓是与非，无所谓对与错，只要能统一思想，一切都好办。"大家可能都不同意。因为：一者所有人都认为凡事一定要有一个是非，二者既如此则所有人都会认为自己是对的而别人是错的。所以，问题还是没有解决。如果我们做不到"无我"，不能够包容他人，什么也不用说，墨子告诉我们："那就尚同吧。""尚同"，就是上同，以在上位者所说为是，下服从于上。所以，为天下之治，就要"选天下之贤可者，立以为天子"。"天子立，以其力为未足，又选择天下之贤可者，置立为三公。"依次又立诸侯国君，立乡、里长。

一切都具备了，天子则发政令于天下之百姓："闻善与不善，皆以告其上。上之所是，必皆是之，所非必皆非之，上有过则规谏之，下有善则傍荐之。上同而不下比者，此上之所赏，而下之所誉也。如果闻善而不善，不以告其上，上之所是，弗能是，上之所非，弗能非，上有过弗规谏，下有善弗傍荐，下比不能上同者，此上之所罚，而百姓所毁也。"[①]在上者依此进行赏罚，就能明察秋毫，而且符合实际。

今天我们很难认同这样的"尚同"观。但墨子的整齐划一，并不是没有标准，这里他提出一个善与不善的问题。以一里、一乡为例。墨子说："里长者，里之仁人也。里长发政里之百姓，言曰：'闻善与不善，必以告其乡长。乡长之所是，必皆是之；乡长之所非，必皆非之。去不若(你)善言，学乡长之善言；去若(你)不善行，学乡长之善行，则乡何说以乱哉？'察乡之所治何也？乡长唯能壹同乡之义，是以乡治也。"[②]也就是说，里长带领一里之人，上同于乡长，则此乡也就治理好了。这是最下一级的"上同"。其他类似，我们不必

---

① 《墨子·尚同上》。

② 《墨子·尚同上》。

一一列举。通过这样一种方式，实现“壹同乡”之义。前提条件是：里长必须是里之仁人。

墨子认为：“古者天子之立三公、诸侯、卿之宰、乡长、家君，非特富贵游佚而择之也，将使助治刑政也。”[①]他们的作用就是“尚同一义”。我们现在也有同样的一个理念，叫作“万众一心”或“众志成城”，即所谓“人心齐，泰山移”。

中华民族有一个最重要的思维方式——大一统。既然我们同处一个家园，既然我们同在一片蓝天下，就应当和谐相处。礼乐文明的实质，就是“家天下”，天下人就是一家人。墨子提倡兼相爱，反对别相攻。兼，讲的是同。别，讲的是私，是自我。

墨子面临的是一个战国交争的天下。人们已经不能以一义而生活在一起了。“天下之为国数也甚多，此皆是其国而非人之国，是以厚者有战而薄者有争。”[②]天下诸侯国林立，而各诸侯国皆以己为是，以人为非，如此则必有战争。其解决的办法是：

> 使国君总其国之义，以尚同于天子。天子亦为发宪令于天下之众，曰：“若见爱利天下者必以告，若见恶贼天下者亦以告。若见爱利天下以告者，亦犹爱利天下者也。上得则赏之，众闻则誉之。若见恶贼天下不告者，亦犹恶贼天下者也。上得则罚之，众闻则非之。”是以，遍天下之人，皆欲得其长上之赏誉，避其毁罚。是以见善、见不善者告之。天子得善人而赏之，得暴人而罚之。善人赏而暴人罚，天下必治矣。然计天下之民以治者何也？唯而以尚同一义为政故也。[③]

“尚同一义”，就是以上所是为是，以上所非为非，把不同的见解统一起来。其统一的标准是善，也就是他所说的“爱利天下”；其所要去掉的则是不善，也就是“恶贼天下”。墨子在《兼爱中》里表述过：“仁人之所以为事者，必兴天下之利，除去天下之害，以此为事者也。”同时他又讲了天下之害：“今若国之与国之相攻，家之与家之相篡，人之与人之相贼，君臣不惠忠，父子不慈孝，兄弟不和调，此则天下之害也。”他既要从兼爱的角度去讲，也要从“尚同一义”的角度去讲，其实讲的是同一件事情、同一个道理。

那么，这个“尚同”的标准是某一个人私自订立的吗？当然不是。墨子认为：“天下既已治矣，天子又总天下之义以尚同于天。”[④]“尚同于天”，是“尚同”的止境。因为天是爱利万物的，是兼爱的。一切取法于天。墨子总是在

---

① 《墨子·尚同下》。

② 《墨子·尚同下》。

③ 《墨子·尚同下》。

④ 《墨子·尚同下》。

讲要顺天意，顺天意就是“兼相爱，交相利”，而反天意则是“别相恶，交相贼”。“尚同”，其实正是顺天意。人与人构成一个社会的存在，各持己见，而不知善自何出。所以，墨子要求人们通通都去掉一己之见，以天意为准。

尚同的学说，“上用之天子，可以治天下矣；中用之诸侯，可而治其国矣；小用之家君，可而治其家矣。是故大用之，治天下不窕，小用之，治一国一家而不横者，若道之谓也”①。这是说，“尚同”之道，上用以治天下，中下用以治国治家。大而用之治天下，却不觉得此道小而不够用；小而用之治一国一家，也感觉不到此道之大而太过了：都是圆满的、恰到好处的，这就是墨子所说的“尚同”之道。

我们看到，墨子在为天下之君开启智慧。其所言说，在于“兼爱”。“尚同”者，最终是尚同于天，要完全以天意为是。在今天看来，实际上就是去人之私欲，而回归其天然之本性。恰如朱熹所说的：“存天理之本然。”

四、强本节用

墨子非常注重“强本节用”。在《墨子》一书中，有《七患》一篇、《辞过》一篇、《节用》三篇而现存两篇，专门讲“非乐”的有三篇而现存一篇，专门讲“节葬”的有三篇而现存一篇。司马迁的父亲司马谈非常赞同他的“强本节用”，其在《论六家要指》中讲墨家时说：“墨者俭而难遵，是以其事不可遍循。然其强本节用，不可废也。”②最后为墨家作总结时又说：“要曰强本节用，则人给家足之道也。此墨子之所长，虽百家弗能废也。”确实，墨子所讲的是一个最为朴实的道理，诸子百家中任何一家在这个问题上都不可能有什么分歧。当然，我们也没有见过百家之中有哪一个人像墨子一样如此频繁地关注社会之实处。

“强本节用”这一问题看似简单，但是人们往往最难理解又最难做到。其实，“强本节用”的本质精神是凡事要固本，不可舍本逐末。这一点，我们看似明白，但是具体到某一事上，我们却未必能理解。

如墨子谈衣服之节。他说，上古的百姓还不知道做衣服的时候，披兽皮，以草绳当腰带，冬天不轻软且不温暖，夏天不轻便也不凉爽。圣人认为这不合人之常情，于是就教人制作衣服。我们要明白，圣人之所以教人制作衣服，是要解决其最根本的需要。所以，圣人就有制作衣服的原则。其“为衣之法”：冬天用素色的帛，完全可以达到轻软而温暖的目的；夏天用葛布，

---

① 《墨子·尚同下》。

② 《史记·太史公自序》。

完全可以达到轻便而凉爽的目的。“故圣人之为衣服，适身体，和肌肤而足矣。非荣耳目之观而愚民也。”做衣服，只要“适身体，和肌肤”就足够了，并不是要让他人来观赏，那样做是对人民的愚弄。凡衣食之道，是让人民“得其所自养之情，而不感于外也”①。也就是说，要让人民明白，自己养活自己的真正目的在于实用，而不是奢华，是永远不离根本，这样就不会受外物所影响而动摇。但是，我们可能就要问：制作衣服难道说不可以同时追求美观吗？

如果是出于这样的考虑，久而久之，就会渐渐失去素朴的本质而过分地追求美观。这样，人们就会过度地关注美观与否、新奇与否、高档与否。“锦绣文彩靡曼之衣，铸金以为钩，珠玉以为珮。女工作文采，男工作刻镂，以为身服。”这就是失本，竭尽财力，最终却“毕归之于无用也”。所以，“以此观之，其为衣服，非为身体，皆为观好。是以，其民淫僻而难治”。②

仅仅由穿衣一项就可以知道，若离开了根本，就不仅仅是浪费了钱财物力，更实质性的是物移人性的问题，人会随之而失去其本。“古者圣王制为衣服之法曰：‘冬服绀緅之衣，轻且暖，夏服絺绤之衣，轻且清，则止。’诸加费不加于民利者，圣王弗为。”③绀(gàn)与緅(zōu)，是两种颜色：一种是深青带红，又叫作“天青色”；一种是黑中带红，又叫作“红青色”。古人穿衣，基本上是要避免像现在一样鲜艳的色彩，只要能满足人们最基本的需要“则止”。若不能止，必将越走越远，“心感于外”而发生变化，逐渐失去做人的本分，所以，“民淫僻而难治”。此事只要我们稍加观察现实、观察身边的人就会明白。有很多的家庭，无论多么富足，也不会过度地讲究衣食用度，为的是不失做人之本分。这里面是有道理可讲的。

所以，我们可以认真去理解墨子，他考虑问题从来都不离开根本，永远不会教人舍本而逐末，他所做的事情就是要把人们从末上拉回到本上来。

我们再来看墨子谈饮食。“古者圣王制为饮食之法曰：‘足以充虚继气，强股肱，耳目聪明，则止。不极五味之调，芬香之和，不致远国珍怪异物。’”④墨子所说的，简直是后世中医的饮食之经。“充虚继气，强股肱，耳目聪明，则止。”此话已经说绝了。而五味之调、芬香之和，这是求味之美的；远国珍怪异物，这是求味之奇的。墨子在“则止”之后，特别强调了这两点：一是不可极，二是不可致。“极”就是把味之调和作用充分发挥，“致”就是把远方的

① 《墨子·辞过》。

② 《墨子·辞过》。

③ 《墨子·节用中》。

④ 《墨子·节用中》。

异物弄到眼前来。这都不是为了实腹，不是为了健康，而是肆意扩张与满足人的欲望，这样就完全脱离了饮食之道。

《老子》第十二章曰："五色令人目盲；五音令人耳聋；五味令人口爽；驰骋田猎，令人心发狂；难得之货，令人行妨。"我们这里仅说五味。因其味美而刺激，所以就失去了原有的平淡。若长期食用美食，舌必寻味而去，不耐平淡。这时舌之觉已经受到了伤害，所以说，"令人口爽"。爽者，败也。在这个时候，平淡的味道，你已经吃不出来了，必须去寻求更爽的味。中国这个"爽"字发明得真是太好了，有爽快的意思，但又因爽快而败坏其本体，所以又有败坏的意思。口味一旦败坏，则其心性也就难保。因为一个人脱离了根本，对根本性的东西就感觉不到美了。墨子生活的时代是在孔子之后，当然也就更在老子之后，我们不知道墨子是否有机会读到老子的书，但墨子所说的话深得老子之旨。可能是他们都证得了同一个境界，因而心性已经相通了吧？

墨子所讲的都是立足于人类生活的最自然的状态，从这方面来说，人类生存所需要的其实并不多。但是，让人们花费大量金钱和精力的往往都是超出这个自然状态的事物。所超出的部分，是欲望，是刺激，是享乐。有了这样一些非自然的需求，人类相应地就增加了无法计算的人力、财力与物力，这一切都意味着要付出。而且，在刺激、享乐、消费、欲望的催动下，人类最自然的生活需要也一刻不停地在发生改变，最终变得越来越不自然了。任何人，任何社会，只要产生这种不自然的思维方式，就必然要进行不自然的付出，而得到的也将是不自然的结果。

而一旦进入非自然的状态，亦即脱离了为人之根本，也就意味着进入了不自然的混乱的状态，因为想要的得不到，这种强烈的欲望就会驱使人们"力政"，就会以大攻小，以强劫弱，等等。《韩非子·解老》里就这样说过："得于好恶、怵于淫物，而后变乱。所以然者，引于外物、乱于玩好也……而今也玩好变之，外物引之，引之而往，故曰'拔'。"意思是说，人总是要随着他的爱恶走，"怵于淫物"，被奢华无用的玩物所诱导，"而后变乱"，最后人就被从根本上拔起来了。

衣食住行方面的强本与节用，墨子样样都讲到了，最严重的厚葬久丧与乐这两个方面墨子都是专门来讲的。"丧虽有礼，而哀为本焉。"[①]那时，墨子所见到的丧葬之礼已经远远不是"哀为本"了，人们已经不知道为什么要有丧葬之礼了。这是最集中的大量耗费资材的事情，其程序仪式也越来越繁

① 《墨子·修身》。

杂，但是哀戚却不足。所以，在很多情况下，人们都是在举行着无“本”的葬礼。如果对于社会现实能略加观察，我们对墨子所讲之事就很容易理解。同时，我们也会明白，墨子之心是真正关怀着天下的。葬必节，而情必哀。而关于乐，墨子讲到，其需要大量的人、财、物的投入，但这却不是人民之所需。《孝经》里面讲过：“移风易俗，莫善于乐。”[①]“移风易俗”，当然有好也有坏。音乐兴起之后，如果不能理智地加以节制，往往就要走上泛滥之途。“五音令人耳聋”，“耳聋”指的是听不懂音乐的好坏，不能辨别音乐的雅俗。于是，心必然要随之而动而移，这样就在不知不觉之中而“移风易俗”了。

我们可以看到，墨子对于“强本节用”是有其深刻的体会与认识的。他说：“古者明王圣人，所以王天下，正诸侯者，彼其爱民谨忠，利民谨厚，忠信相连，又示之以利，是以终身不餍，殁世而不卷。古者明王圣人，其所以王天下正诸侯者，此也。”[②]“爱民谨忠，利民谨厚”，这里讲到了一个“爱”、一个“利”。讲爱，是对人民一心一意，尽心竭力。讲利，是对人民情意浓厚，为人民计深远。明王圣人就是这样的，尽心竭力，信实真诚，以此与人民紧密联系在一起，是以“忠信”与民“相连”；而且他们还要教给人民、示范给人民，如何才是最有利的。

墨子在《非乐上》中又说道：“仁者之事者，必务求兴天下之利，除天下之害，将以为法乎天下。利人乎，即为；不利人乎，即止。且夫仁者之为天下度也，非为其目之所美，耳之所乐，口之所甘，身体之所安。以此亏夺民衣食之财，仁者弗为也。”在这里墨子谈到了“利人乎，即为；不利人乎，即止”，而如何才是真正的利人，墨子是十分清楚的。“目之所美，耳之所乐，口之所甘，身体之所安”，如果都远离了根本，就是不利。“是故子墨子之所以非乐者，非以大钟、鸣鼓、琴瑟、竽笙之声，以为不乐也；非以刻镂文章之色，以为不美也；非以犓豢煎炙之味，以为不甘也；非以高台厚榭邃野之居，以为不安也。虽身知其安也，口知其甘也，目知其美也，耳知其乐也，然上考之不中圣王之事，下度之不中万民之利，是故子墨子曰：‘为乐非也。’”

这是墨子讲“非乐”时的总纲，我们也可以将其看作对“强本节用”的总的概括。墨子完全能体会得出仁人圣王的用心，所以才能作如此言说。所以他又说：“圣人为政一国，一国可倍也；大之为政天下，天下可倍也。其倍之，非外取地也。因其国家，去其无用之费，足以倍之。圣王为政，其发令兴事，使民用财也，无不加用而为者。是故用财不费，民德（得）不劳，其兴利多

① 《孝经·广要道章》。

② 《墨子·节用中》。

矣。"[①]可见，圣人为政一国，一国之财用可以增加一倍；为政天下，则天下之财用可以增加一倍。

墨子语出惊人。而更惊人的是，这些增加的财用并不是靠向外侵夺取得的，而是仅就其国家现有的条件，去掉那些不必要的用度就可以了。事情确实相当简单，只是没有人会想得到，竟然如此就可以"一国可倍""天下可倍"！我们如果能仔细体会一下墨子的"强本节用"，一切也就不难明白。用若不节，必失其本；若能强本，事有何难？圣人所虑至简而至深。

墨子的言论，无一不是深感于现实而发。在战乱的岁月里，百姓生活之艰难困苦，深深地刺痛着这位圣者的心，而各诸侯以及卿士大夫们——这些上层社会的人却过着骄奢淫逸的生活。衣食住行，无不充斥着奢侈浪费及享乐浮华之习气。这一切无一不是在消耗着劳动者的劳动，无一不是在消耗着社会的财富。从社会的生存来说，这是不应该的，因为这将把社会带向深渊。墨子无意于批评，而是在教育。要挽救这个社会，要挽救天下，必须有人挺身而出，教导世人。这就是圣者之心。

五、结　语

对于墨子，我们并没有说很多，没有面面俱到地将他全部的思想都写出来，只是集中于几个问题略抒所见所感，浅尝而止。实际上我们无以得见圣智者之全体。

还是庄子说得好："其行难为也。恐其不可以为圣人之道。反天下之心，天下不堪。墨子虽能独任，奈天下何？"[②]这里是说，墨子的行事一般人是很难做到的，所以，担心墨子不能在天下实现圣人之道。因为他是在翻转天下之心，天下人是不能忍受的。墨子虽然自己能够承担大下之大任，但是又能把天下怎么样呢？庄子真是智者，他说得太对了！墨子在中国历史上曾经长时期被遗忘，大概从汉代一直到清代中后期，很少有人认认真真地提起过他。其实墨子之行事，对他自己来说实在是太简单了，是自然而然的，并不是勉力而为之。一般人不能做到，是因为自身不具备其德，因而都感觉墨子所做的一切粹纯是付出，"其行难为也"。

但是，墨子也终不能永远被遗忘。不读其书，不知其人。读其书，想见其为人。历史终究是要给后人一个机会的。在科技落后、被动挨打的岁月里，有人想起了墨子，于是，墨子重新回到了世人的视野。

---

① 《墨子·节用上》。

② 《庄子·天下》。

我们这才发现，墨子不仅具有科学思想，而且有科学性的伟大实践。他具有利世利民的真实学问。

我们也才发现，墨子更具有伟大的人格魅力，其学行真的给我们树立了一个伟大的榜样。

我们还发现，墨子早就具有“兼爱”的伟大思想，也就是博爱的伟大思想。而且，这个思想还可能是走向世界的思想。

20世纪70年代，英国历史学家汤因比博士与日本学者池田大作曾经有过一系列的对话，他们在总结人类历史时，都对墨子学说给予了很高的评价。汤因比说：“把普遍的爱作为义务的墨子学说，对现代世界来说，更是恰当的主张。”池田大作说：“我完全赞成博士所说的墨子的主张，即普遍的爱。这种精神最切合时宜。墨子关于舍去利己，树立爱他的兼爱学说，是反对侵略战争的理论先导。就是说，正如谴责侵害他人牟取私利的强盗行为一样，也应该谴责大国侵害小国，大量屠杀以及破坏经济的行为。这种理论是极为近代化的。只是墨子主张兼爱，过去只是指中国，而现在应作为世界性的理论去理解。”①

大概两位学者尚未能领略墨子的智慧。对老子“圣人常善救人，而无弃人；常善救物，而无弃物”的话语，他们还未能参悟，所以，对人类社会上的强盗行为、侵害行为与破坏行为等，他们使用的是“谴责”一类的词语。他们可能还不明白，这样一些行为的主体，无论是个人还是国家，都是缺乏爱的。这些人既不会爱自己，也不会爱别人。反过来，他们也就不能够被爱。所以，他们需要被爱。指责、谴责与对立永远不能解决问题。我们必须明白，爱是解决一切问题的根本。

在此，我们要用墨子本人的话作为最后的结语：

> 公输子谓子墨子曰：“吾未得见之时，我欲得宋。自我得见之后，予我宋而不义，我不为。”子墨子曰：“翟之未得见之时也，子欲得宋。自翟得见子之后，予子宋而不义，子弗为，是我予子宋也。子务为义，翟又将予子天下。”②

我们把这段话翻译过来是这样的：

公输盘对墨子说：“在没有见到您的时候，我想得到宋国。自从我见到您之后，您即使想把宋国给我，如果是不符合义的话，我也是不会要的。”墨子说：“我在没有见到您之前，您想得到宋国。自从我见到您之后，即使把宋

① ［英］A.J·汤因比、［日］池田大作著，荀春生等译：《展望二十一世纪——汤因比与池田大作对话录》，国际文化出版公司1985年版，第425～426页。

② 《墨子·鲁问》。

国给您，如果是不符合义的话，您也不会要。可我还是把宋国送给您了。只要您努力行义，我还要把天下送给您。”

公输盘曾经为楚王造云梯并参与谋划攻打宋国，但是攻打宋国的打算却被墨子所劝止。因而，公输盘与墨子之间也便有了一次最真实的接触。不管是在道上还是在术上，公输盘都领受了墨子这样一位圣人的德性智慧。如果攻打宋国的谋划成功了，公输盘将为宋国人所憎恨甚至咒骂，幸运的是，墨子来了。墨子带来的是爱，宋国人得到了爱，公输盘也得到了爱。

墨子的“爱”字前面有一个“兼”字，所以大家都得到了爱，当然包括楚国人，这才是真正的爱，因为欲实施攻伐的人实现了爱的回归。而且，宋国人也不会因此憎恨公输盘，所以墨子说“可我还是把宋国送给您了”，在道义上，您没有失去宋国。“只要您努力行义，我还要把天下送给您。”拥有天下，这是多么简单的事——只要心中有爱。

毫无疑问，墨子已经得到了天下，而且任何人也都会得到天下，这是因为有爱。天下人哪里有不喜欢爱的呢？有爱走遍天下：“夫爱人者，人必从而爱之；利人者，人必从而利之。此何难之有？”[①]

① 《墨子·兼爱中》。

出版说明

虽然《墨子》是一部伟大的经典，但是当我们把它作为一本通俗性的读物来学习阅读时，就要面临一系列的问题，所以我们不得不作一些取舍。

一、从内容方面来说，这里面既有关于社会、治世的思想主张方面的篇章，又有十分专业的科技性、军事性的篇章。我们在选文时，参照了其他普及读物的做法，放弃了专业性较强的科技、军事等方面的篇目，而取其思想性强、能反映墨子的治世之道的篇目。

二、从文献方面来说，那些最能反映墨子思想主张的篇目，大多都有上、中、下三种文本。如《尚贤》之上、中、下，《尚同》之上、中、下，《兼爱》之上、中、下，等等。这种同名的篇目，其上、中、下三种文本的内容基本相同，只有详略不同，这种情况可能是墨子三派弟子所记墨子之讲论各有差异造成的；而且，《墨子》的每一篇章也还不是严谨的文章，而是文献辑本。对于这样的文献，一般只取其可读性较强的一种即可，不必全部选用，重复注释、讲解。我们的原则是，从三种文本中选用章节，不求完整，只求相对完整，所选的章节力求能完整表达墨子的思想。

三、《墨子》书中还有两种篇目，即《经》与《经说》、《大取》与《小取》，这是墨子哲学思想既深邃又专门的部分。墨子的科技思想也集中在这里面，特别是在《经》的部分中。这两种篇目尤其难解难读，在学术界也已形成了非常专门的学问。鉴于墨子思想已经贯穿于其他各篇章之中，一般读本也都不选用这两种篇目，故我们也未选用。

四、《墨子》在流传过程中，其文本产生了很多错误，我们在遇到这样的问题时，直接取用现有校勘成果，略加说明，而不详加疏理考证，取其通俗易懂而已。

目录

亲　士（节选）

入国而不存其士[1]，则亡国矣。见贤而不急，则缓其君矣。非贤无急，非士无与虑[2]国。缓贤忘士，而能以其国存者，未曾有也。

吾闻之曰："非无安居也，我无安心也；非无足财也，我无足心也。[3]"

是故君子自难而易彼，众人自易而难彼。[4]君子进不败其志，内究其情[5]，虽杂庸民，终无怨心，彼有自信者也[6]。是故为其所难者，必得其所欲焉，未闻为其所欲，而免其所恶者也。

是故逼[7]臣伤君，谄下伤上[8]。君必有弗弗[9]之臣，上必有諮諮[10]之下。分议者延延[11]，而支苟[12]者諮諮，焉[13]可以长生保国。

臣下重其爵位而不言，近臣则喑，远臣则吟，怨结于民心[14]；谄谀在侧，善议障塞，则国危矣。桀纣不以其无天下之士邪？杀其身而丧天下。故曰：归[15]国宝不若献贤而进士。

【注释】

[1]入国而不存其士：为政者若不体恤士子。入国，入君位临政，即治理国家。有的学者认为"入"字是"乂"字传写之误，"乂"即治理。两种解释都可通。存，恤问、慰问，此指优待、体恤。

[2]虑：谋思。

[3]墨子这里引用的话语，实际上是假设出来的，他要反映的是一般人的思想状况。意思是说，人们都是需要得到一定尊重与满足的。

[4]君子自难而易彼，众人自易而难彼：墨子在这里要讲明，品德高尚的君子在处事时应该是自为其难，而使别人为其易者。一般人是自为其易者，而使别人为其难者。君子能自为其难，就可见其亲士之情。如果君子自为其易，那就有慢士之态，那就不是亲士了。

[5]君子进不败其志，内究其情：君子待士，对其进者要加以鼓励，不要挫败其志；对于那些要退的人，要究明其真情，既不勉强他们，体谅他们，也要明白他们对自己可能还有一些不满意的地方。这是待士之道。内，应为"衲"字之误，即"退"字。

[6]虽杂庸民，终无怨心，彼有自信者也：在自己所选的士当中，虽然杂有一些很平庸的人，但对待他们也从没有怨心，这样才能使他们有充分的自信。

[7]逼：逼迫。

[8]谄下伤上：得宠而谄媚之臣，必然要伤害君主。下，指臣子；上，指君。

[9]弗：通“拂”，违背、违忤。

[10]詻詻(è)：直言论争的样子。

[11]分议者延延：持有不同意见的人长期争辩不止。分议，分辩、争论。延延，时间长久。

[12]支苟：可能是“交苛”两字，因形误而来，即交相谴责的意思。

[13]焉：乃、于是。

[14]句意为：有些大臣看重自己的爵位而不敢有所言，左右近臣默不作声，而边远之臣只能眼睁睁地叹息，这样就要结怨于民了。喑(yīn)，缄默不言。吟，叹息、呻吟。

[15]归：通“馈”，赠送。

【品读】

士在中国古代社会是一个特有的阶层。中国古代是四民社会，包括士、农、工、商，这在其他任何一个国家、任何一个民族都是没有的。而且，士还排在第一位。当我们回首历史的时候，就会清楚地看到，士是一种历史文化，是民族精神的承担者、传承者。只是到了近代社会，士才逐渐走向边缘化，逐渐转变为现代知识分子，成为知识的传承者。这时，我们对士的文化承担者的认识开始变得模糊起来。

当我们明白这样一个事实之后，才有可能去认识墨子为什么要谈“亲士”。在四民社会里，如果要治理社会、治理天下，应该靠谁？当然是靠士。墨子在这里所提到的“士”，特指士中的精英。当年孔子教育自己的学生时提到的是儒。他对子夏说，要做君子儒，不要做小人儒。后来，儒与士是不分的，我们有时叫作“儒士”。曾子说过：“士不可以不弘毅，任重而道远。”①由此可以看到，士是要有承担的——要承担我们的社会，承担我们的历史，这是我们对士的共同认识。治理社会、治理天下，就是要靠他们。

墨子一开口就说：“入国而不存其士，则亡国矣。”看到这句话，我们才会理解墨子出口就谈士的真正原因。“入国”，这个“入”字用得很形象，墨子没有说“治国”，而是说“入国”，也就是说，如果你一开始治理一个国家，你最先关心的应当是士。也就是说，你首先得有人，要有这种有大承担的士。否则，“亡国矣”。

接着他对这句话进行解释：“见贤而不急，则缓其君矣。非贤无急，非士

① 《论语·泰伯》。

无与虑国。缓贤忘士，而能以其国存者，未曾有也。”贤，在这里就是士中的精英。如果见到贤者，见到了士中的精英，你却没有一种急迫的心情，不能任用他们，他们就会“缓其君”，即与君疏远。所以，没有比亲贤更急迫的事情了。如果没有他们，也就没有人与你一起谋划国是了。那么你还能靠谁？所以墨子说，缓贤而忘士，还想着能使国长存者，“未曾有也”。

治国必尚贤用贤，必亲士用士，这是至为明白而简单的道理。但是，真正要做到尚贤用贤却又是非常困难的。

其实最难做到的是对贤良之士的尊重。一国之君，要想真正治理好国家，在尚贤用贤方面，就不能够逃避其难，就要有博大的胸怀。难就难在自身要能充分地尊重他们、体谅他们，能容受臣下的直言论争，还要明察其谄谀与善议。这样才算是一个明君。

历史的教训是惨痛的，桀、纣杀身而亡天下，正是因为他们不懂得尚贤用贤，身边没有真正的士。他们缓贤忘士，只重用了一些谄谀奉承的小人。所以，国因他而亡，他也随着国而亡。

修身

1　君子战虽有陈[1]，而勇为本焉；丧虽有礼，而哀为本焉；士虽有学，而行为本焉。是故置本不安者，无务丰末[2]；近者不亲，无务来[3]远；亲戚不附，无务外交；事无终始，无务多业[4]；举物而闇，无务博闻[5]。是故先王之治天下也，必察迩来远[6]。君子察迩而迩修者也。修身见毁而反之身者也。此以怨省而行修矣。

谮慝[7]之言，无入之耳；批扞之声[8]，无出之口；杀伤之孩，无存之心[9]。虽有诋讦之民，无所依矣。[10]故君子力事日强，愿欲日逾，设壮日盛。[11]

【注释】

[1]陈：同“阵”，战阵，指打仗的战斗行列。

[2]置本不安者，无务丰末：如果根基尚未打好，就不要追求细枝末节的繁茂。也就是说，要先把根本的事情做好，然后求其次。置，通“植”，树立。本，根本、根基。务，努力从事。丰，丰实、繁盛。

[3]来：招致、招揽，后多写作“徕”。

[4]事无终始，无务多业：一件事情若没有善始善终地做好，就不要去务求其他更多的事。也就是说，每做一件事，必须有始有终，善始善终。业，事。

[5]举物而闇，无务博闻：眼下随便举一事而不明了，就不要务求见多识广。闇，不明了、不了解。

[6]察迩来远：要把身边、眼前的事治理得有条有理、清清楚楚，然后才能求其远者。如果从修身的角度来说，就是只有修好自身，才能希求影响他人。迩，近。

[7]谮(zèn)：谗毁、诬陷。慝(tè)：邪恶。

[8]批扞(hàn)之声：指抨击别人的话。批扞，恶。

[9]杀伤之孩，无存之心：指君子心里不起杀伤的刻毒念头。这句话的“孩”字很难理解，学界的一种观点认为“孩”字是“刻”字之误，是刻毒的意思。

[10]虽有诋讦(dǐ jié)之民，无所依矣：君子如果做到了以上几条，那么诽谤攻击别人的人，就没有依归之处了。诋，毁谤、诬蔑。讦，揭发，攻击别人的过错或短处。

[11]故君子力事日强，愿欲日逾，设壮日盛：所以君子勤勉从事，越来越强大，而欲望越来越少，对他人越来越敬重。力事，指勤劳。愿欲，指欲望。设壮，指庄敬。“逾”字很难解释，学者也有不同的观点，我们选取一种，释为弱、懦。

【品读】

修身，是做人的基础，更是士君子所看重的一种品质。这一点也最具中国特色，因为如果没有了修身，也就没有了士的存在。

《礼记·大学》明确说："自天子至于庶人，壹是皆以修身为本。"对任何人来说，修身是一切事情的起点。所以，墨子说："置本不安者，无务丰末。"一个人假如连做人的基本修养都没有养成，那也就没有办法将其他事情做好。《尚书·皋陶谟》说："慎厥身修，思永。惇叙九族，庶明励翼。迩可远，在兹。"这是皋陶对禹说的话，此话很有条理。就是说，要从自身开始而向外，由近到远。做一切事情，自身是起点，而自身的起点就是修身。

墨子本人是修身至为严格的人，他对社会的承担就是由修身而来的。社会上出了那么多的问题，说到底，就是大家忽略了最根本的问题。我们今天，无论是谈腐败还是谈犯罪，谈来谈去，不是别的，就是做人的问题。所以，"先王之治天下也，必察迩来远。君子察迩而迩修者也"。"察迩"是明于最切近的事情，最切近的事情就是自身的修持。君子若在这个方面用功，"而迩修者也"，即自身就修好了。

在这里，墨子专门提出来一个非常重要的问题，即自身的反省。他说："修身见毁而反之身者也。此以怨省而行修矣。""修身见毁"，是指一个人虽然很注重修身，但是如果有人对此提出批评，就从一个方面反映出了修身所存在的问题，这就是孟子所说的"行有不得"。"行有不得"将如何？孟子说要"反求诸己"，墨子则说"反之身者也"。"反之身"即检查自身的问题，则怨也就渐渐地没有了，而"行修矣"。

为此，墨子还特别强调，修身时要注意心存善良，不听攻击诋毁性的言论，也不说这样的话。要真正注意自己的起心动念，注意自己的言行举止。这就像孔子所说："非礼勿视，非礼勿听，非礼勿言，非礼勿动。"[①]我们看，圣人之言，如出一辙。

2　君子之道也，贫则见廉，富则见义，生则见爱，死则见哀，四行者不可虚假，反之身者也。藏于心者无以竭爱，动于身者无以竭恭，出于口者无以竭驯[1]。畅之四支，接之肌肤[2]，华发隳颠[3]，而犹弗舍者，其唯圣人乎！

① 《论语·颜渊》。

【注释】

[1]出于口者无以竭驯：指君子凡所出口之言永远要雅驯、典雅。驯，雅驯，即典雅之意。

[2]畅之四支，接之肌肤：内心的仁爱与恭敬，通达到他的四肢与肌肤。支，同“肢”，四肢。

[3]华发隳(huī)颠：指人衰老而头发花白脱落。隳颠，秃顶。

【品读】

中国古人在谈修身的时候，无不讲求内在，所有一切均从不外求。修身的实质是修心，也就是讲求对待外界的一切如何存心。孟子曾经说过：“君子所以异于人者，以其存心也。”[①]孟子讲的是以仁心待人，墨子则讲以爱心待人。他们都有切身的体验，所以他们讲的话大致是一样的。

内在的东西属于天性，是取之不尽、用之不竭的。所以，君子之道无不是基于天性而来的。墨子说：“君子之道也，贫则见廉，富则见义，生则见爱，死则见哀。”其贫而廉，富而义，对生者表现出来的是爱，对逝者表现出来的是哀，此“四行者不可虚假”。也就是说，这一切都是自然而然的，本来是真的，所以不能弄成假的，都是返归自身而求得的。

“藏于心者无以竭爱，动于身者无以竭恭，出于口者无以竭驯。”所以，根藏于心中的是无穷的爱，表现在行动上就是无比的恭敬，而说出口的就是无比的美雅。圣贤之人已经做到了，也体验到了：“畅之四支，接之肌肤。”一切都发自内心，而畅达于四肢，通达于肌肤。他们有这种真实的美的体验，真正明白这是无穷的，所以，“华发隳颠，而犹弗舍者”，至其老死而不舍离。这不仅仅是一种行持，也是一种自然的表现。

《周易·坤卦·文言》也曾说道：“美在其中而畅于四支。”心中有美，一定会畅发于四肢。《孟子·尽心上》说：“君子所性，仁义礼智根于心。其生色也，睟然见于面，盎于背，施于四体，四体不言而喻。”仁、义、礼、智，是根植于心性的，从外面表露出来的，才是清和润泽之貌。其盈溢于身体，也不待言。读此可知，大圣之人其言略同，真实不虚，因为他们所说的是他们的真实境界。

……………………………………

3　志不强者智不达，言不信者行不果。据财不能以分人者，不足与友。

---

① 《孟子·离娄下》。

守道不笃，遍物不博[1]，辩是非不察[2]者，不足与游[3]。本不固者末必几[4]，雄而不修者其后必惰，原浊者流不清，行不信者名必秏[5]。

名不徒生，而誉不自长，功成名遂，名誉不可虚假，反之身者也。务言而缓行，虽辩必不听；多力而伐功，虽劳必不图[6]。慧者心辩而不繁说，多力而不伐功，此以名誉扬天下，言无务为多而务为智，无务为文而务为察。

故彼智无察，在身而情，反其路者也。[7]善无主于心者不留，行莫辩于身者不立。[8]名不可简[9]而成也，誉不可巧而立也，君子以身戴行[10]者也。思利寻焉，忘名忽焉，可以为士于天下者，未尝有也。

【注释】

[1]遍物不博：指对于事物不能博观而分辨其理。遍，有学者考辨当为“别”，或者为“辨”，意义都可讲通。

[2]辩是非不察：对是非的分别不能察知其细微之处。

[3]游：结交、交往。

[4]本不固者末必几：一个人如果做人的根本不牢固，那就一定会遇到危害其身的事。几，危险。

[5]秏(hào)：同“耗”，败坏。

[6]多力而伐功，虽劳必不图：一个人付出了很多，然而却喜欢自我夸耀，这样，虽然很辛劳，但是却得不到想要的赞许。图，图谋，这里指预想。

[7]故彼智无察，在身而情，反其路者也：没有智慧而不能明察事理的人，又惰于从事和修养自己的品性，那就背离正道而行了。情，“惰”字误写。

[8]善无主于心者不留，行莫辩于身者不立：善的品性不能在内心生根、不能起主导作用，这种善的品性是保不住的；自身行事不能明确知道应该如何做，那么这些行为是不能立得住的。

[9]简：轻易。

[10]戴行：即践行。戴，通“载”。

【品读】

在这里，墨子讲修身，还是继续强调一切都在于根本。这里面有许多非常精到的话语，值得我们琢磨。做一切事情，首先必须心愿强。心愿强，有足够的信念，才能调动自己的智慧，或者说产生智慧。在他看来，心愿的作用与智慧的作用简直可以画等号了。这是一个灼见，有心愿，有信愿，心智才能打开，才能洞察一切细致幽深之处，才能够思虑圆满，所以说“志不强者智不达”。我们一般人容易犯的错误即在于此，因为我们虽然知道一些好的理念，但是，我们自身却不愿意去实现这些理念，所以我们也就没有办法得到真实的智慧。下面的一句“言信者”，是指说出来的话与真实相符，没有差误，这表明一个人的真诚信实，这样的人，他的行为也会与说出来的话相符而无差误。所以，反过来说就是“言不信者行不果”。

“本不固者末必几”，在很多情况下，我们会遇到一些问题，而且经常出现不好的结果，但是这一切都只是表象，从事情的全过程来看，这都只是结果，都是事情的末端。而其发端则是其本，这个根本就是修身。为人若不讲求根本，或根本不牢固，其处事当然不会令人满意，即“末必几”，“几”是危险的意思。墨子此言确实令人深省。“雄而不修者其后必惰”，这是指我们常见的做事虎头蛇尾的现象。一个人虽然勇于做事，一时有大雄心，但是如果他缺乏修持，也就是其为人的根本性的东西有欠缺，这样的人不可能把事情做得圆满，做事情不会有很好的结果，因为他很快就要怠惰了。换句话说，本来就不是善始，必然就不会善终。善始，从根本上来说，是指一个人的修持。

“原浊者流不清”，这里所讲的似乎像《周易》的蒙卦。水之在山则清，出山之后则变浊，所以这一卦强调了童蒙养正的重要性。但是，如果水在源头上已受到污染，其后的情况就可想而知了。

“名不徒生，而誉不自长，功成名遂，名誉不可虚假，反之身者也。”“名不可简而成也，誉不可巧而立也，君子以身戴行者也。”人生在世，不可避免地要有一个好的形象，要有一个好的名声。无论你追求与否，都是如此。但是，好的形象、美的名声都不是凭空而来的，都不是轻易获得的，它一定是返之于自身，从自身之行为而来的。所以在这里，墨子强调君子必须注重践行，践行自己美好的理念。这是墨子提出的最为著名的一个关键词，即“戴行”。

所 染

1 子墨子(言)[1]见染丝者而叹,曰:染于苍则苍,染于黄则黄。所入[2]者变,其色亦变,五入必[3]而已则为五色矣!故染不可不慎也!

非独染丝然也,国亦有染。舜染于许由,禹染于皋陶、伯益,汤染于伊尹、仲虺,武王染于太公、周公。[4]此四王者所染当,故王天下,立为天子,功名蔽[5]天地。举天下之仁义显人,必称此四王者。[6]

夏桀染于干辛、推哆,殷纣染于崇侯、恶来,厉王染于厉公长父、荣夷终,幽王染于傅公夷、蔡公谷。[7]此四王者,所染不当,故国残身死,为天下僇[8]。举天下不义辱人,必称此四王者。[9]

齐桓染于管仲、鲍叔,晋文染于舅犯、高偃,楚庄染于孙叔、沈尹,吴阖闾染于伍员、文义,越句践染于范蠡、大夫种。此五君者所染当,故霸诸侯,功名传于后世。[10]

范吉射染于长柳朔、王胜[11],中行寅染于籍秦、高强[12],吴夫差染于王孙雒、太宰嚭[13],知伯摇染于智国、张武[14],中山尚染于魏义、偃长[15],宋康染于唐鞅、佃不礼[16]。此六君者所染不当,故国家残亡,身为刑戮,宗庙破灭,绝无后类,君臣离散,民人流亡,举天下之贪暴苛扰者,必称此六君也。

凡君之所以安者何也?以其行理也,行理生于染当。故善为君者,劳于论人,而佚于治官。[17]不能为君者,伤形费神,愁心劳意,然国逾危,身逾辱。此六君者,非不重其国爱其身也,以不知要故也。不知要者,所染不当也。

非独国有染也,士亦有染。其友皆好仁义,淳谨畏令,则家日益、身日安、名日荣,处官得其理矣,则段干木、禽子、傅说之徒是也[18]。其友皆好矜奋[19],创作比周[20],则家日损、身日危、名日辱,处官失其理矣,则子西、易牙、竖刀之徒是也。诗曰"必择所堪[21]。必谨所堪"者,此之谓也。

【注释】

[1]言:此字为衍文,应当删去。

[2]入:古代染布,把布放入染汁里叫"入"。放入一次为一入,还有二、三、四、五入。每入一次,其色不同,染工要根据对颜色轻重的需要入染。

[3]必:通“毕”,全、都。

[4]这一段话是说治理天下的圣王,如舜、禹、汤、武王,都得到了贤者高士的帮助,如许由、皋陶、伯益、伊尹、仲虺(huī)、太公、周公等。

[5]蔽:盖、覆盖。

[6]举天下之仁义显人,必称此四王者:人们经常举出一些有仁义、有名声的人,以他们的美德来劝谕大家,这时必然要称扬这四位圣王。

[7]这一段话是说一些昏庸位无道的君王,如夏桀、殷纣、厉王、幽王,他们都受到了身边一些谀臣的影响,如干辛、推哆(chǐ)、崇侯、恶来、厉公长父、荣夷终、傅公夷、蔡公谷等等。

[8]僇:通“戮”。

[9]举天下不义辱人,必称此四王者:人们经常举出一些不仁不义、可耻的人,以他们的恶行来惩劝世人,这时必然要举出这四位无道的君王。

[10]这里墨子提到了春秋时期的五位侯王,有齐桓公、晋文公、楚庄王、吴王阖闾、越王句践,又提到辅佐他们的重要的大臣,如齐国的管仲、鲍叔牙,晋国的舅犯、高偃,楚国的孙叔、沈尹,吴国的伍员、文义,越国的范蠡、大夫种,这些都是君臣共同治国兴国者,他们的业绩常为后世所称道。

[11]范吉射:春秋后期晋国范氏的首领,把持晋国大权,后来被灭。长柳朔、王胜:范吉射的家臣,都曾助范氏犯上。

[12]中行寅:春秋后期晋国中行氏的首领,也曾把持晋国大权,肆行无礼,后来也被灭。籍秦、高强:都是中行氏的家臣,都没有起到好作用。

[13]夫差:吴国的国君,昏庸无道,听不进忠言,被越王勾践所灭。王孙雒(luò):吴国的大臣,待在夫差的身边。太宰嚭(pǐ):即伯嚭,因为是吴国的太宰,所以叫太宰嚭。其收取越国贿赂同意讲和,使越国有机会复仇,导致吴国失败。

[14]知伯摇:即智襄子,也是晋国后期的权臣,被韩、赵、魏三家联合灭掉了。智国:即智伯国,是智氏家族的人。张武:即长武子,是智襄子的家臣。

[15]中山尚:春秋时期鲜虞国的国君。魏义、偃长:中山尚的臣子。

[16]宋康:春秋时期宋国末代国君,被齐国所灭。唐鞅:宋康王的相,怂恿宋康王滥杀无辜,其自身也被康王所杀。佃不礼:宋国臣子。

[17]论人:即评定选择人才。论,衡量、评定。佚:安逸,这里是放松的意思。

[18]段干木:姓段干,名木,战国初年魏人,子夏的学生,做过魏文侯的老师。禽子:即禽滑釐,是墨子最有名的弟子。傅说(yuè):传说为殷高宗的贤臣,本来是傅岩筑墙的奴隶,因为有才能被高宗任命为相。

[19]矜奋:狂妄,骄傲自负。

[20]创作:胡作非为,兴风作浪。比周:结党。

[21]堪:应当是“湛”字误写,通“渐”,染。

【品读】

人生在世，无一例外都要受到自身所处环境的熏染与影响。因为人们在日常生活中处事接物经常不注意，所以，环境的熏染与影响总是在不知不觉中悄然发生。当墨子看到染丝时，猛然警醒：人事与外物大有相通之理，自身不明之理，外界却是一定有明示的，只是我们未必能注意到。

我们来看染丝。“染于苍则苍，染于黄则黄。所入者变，其色亦变。”入一次就变一次，入五次就变五次，颜色完全发生改变。所以，染工应当十分谨慎，一旦出现失误，这些丝就要废弃掉了，因为染过了的丝没有办法再变回来。那么，凡染丝就有了当与不当的分别。所以墨子说：“染不可不慎也！”

人也是有染的。而人之染比物之染更需要谨慎。染于善则善，染于恶则恶。这个道理本来至为浅显，但是，很多人却意识不到。无论是谁都很难避免被外物所染，而且，这种染是不易感知到的。这里，墨子所指的是一个人周边亲近的人。这些人与我们朝夕相处，其言谈举止、待人接物，不知不觉就对我们产生潜移默化的作用。一个人被染好了，是不容易的事情。但是被染坏了，却是最容易不过的事了。墨子一下子就想到了国之染，如果国被染污了，就难以有扭转乾坤的可能。而国之所染取决于一国之君。

国君是一定要受染的，而且国君一定要染好，这就需要选择得当。国君之染，是染于他身边的人，染于他所任用的人。善于为君者，要“劳于论人，而佚于治官”。一国之君，要慎重地选拔人才，在这一方面要多多用心，选择真正的贤能之人置于左右。这根本的一点做好了，官吏的管理就可以轻松得多了。

墨子所讲，在普遍意义上对于一般人都是适用的。中国历史上绝不乏出污泥而不染者，那些都是修养很高的人，他们能够时时注意自己的起心动念，注意自己的言行，在污浊喧嚣的环境中都能够保持严格的行持。

法　仪

1　子墨子曰："天下从事者不可以无法仪[1]，无法仪而其事能成者无有也。虽至士之为将相者，皆有法。虽至百工从事者，亦皆有法。百工为方以矩，为圆以规，直以绳，正以县[2]。无巧工不巧工，皆以此五者为法[3]。巧者能中之，不巧者虽不能中，放依以从事[4]，犹逾己。故百工从事，皆有法所度。"

【注释】

[1]法仪：法度。

[2]正以县(xuán)：是指古人做工时用悬垂的方法来把握偏正。现在的工匠也离不开此法，因为它既简单又实用。县，通"悬"，垂、挂。

[3]皆以此五者为法：前文中只列了"为方以矩，为圆以规，直以绳，正以县"四者，所以，"五者"应当改为"四者"。

[4]放依：即"仿依"，仿效。放，同"仿"。

【品读】

这个世界是有规律的。我们无论做什么事情，也都应当有一定的法度，有一定的标准。

当我们不知道规律的时候，最好能按照既有的法度来行事，因为这都是前人用心总结出来的。墨子讲到了一个简单的事实，即百工做工，需要做成方形时用的是矩，需要做成圆形时用的是规，要画直线就要用到墨绳，要测度偏与正就要用悬垂的方法，无论是巧匠还是拙工，都用这几种方法作为法度。如果遵循这几种法度来做，那么那些巧匠会做得非常圆满，而拙工即便做得不那么中规中矩，不那么圆满，但是，由于他有了相应的法度，也一定会超过那种自以为是而没有法度的人。

这里我们可以看到，法度的存在是为了人们把事情做好。墨子所讲的是最基本的道理，也是最重要的。但是现在看来，恰恰是这些最基本的事，我们没有做好，很多人总是图省事而不去做；更糟糕的是，一些人甚至撇开规矩，撇开最基本的事不做，而去求新猎奇，于是这个世界就逐渐失去了章法。

2　今大者治天下，其次治大国，而无法所度，此不若百工辩[1]也。然则奚以为治法而可？当皆法其父母奚若[2]？天下之为父母者众，而仁者寡，若皆法其父母，此法不仁也。法不仁，不可以为法。当皆法其学[3]奚若？天下之为学者众，而仁者寡，若皆法其学，此法不仁也。法不仁，不可以为法。当皆法其君奚若？天下之为君者众，而仁者寡，若皆法其君，此法不仁也。法不仁，不可以为法。故父母、学、君三者，莫可以为治法。

然则奚以为治法而可？故曰莫若法天。天之行广而无私，其施厚而不德[4]，其明久而不衰[5]，故圣王法之。既以天为法，动作有为必度于天[6]，天之所欲则为之，天所不欲则止。

然而天何欲何恶者也？天必欲人之相爱相利，而不欲人之相恶相贼[7]也。奚以知天之欲人之相爱相利，而不欲人之相恶相贼也？以其兼而爱之、兼而利之也。[8]奚以知天兼而爱之、兼而利之也？以其兼而有之、兼而食之也。[9]

【注释】

[1]辩：通“辨”，明辨事理。

[2]当皆法其父母奚若：假若天下之人都取法他们的父母，这样做会怎么样呢？当，通“傥”，倘若、假使。奚若，怎么样、如何。

[3]法其学：指取法其师。

[4]天之行广而无私，其施厚而不德：上天爱养万物，自然而然，所以其行广大而无私爱偏好；其所施予万物的恩惠深厚无比，但不自以为德，无心为德，所以才能德被万物。

[5]其明久而不衰：它的光明久远而不衰竭。

[6]动作有为必度于天：无论是小的行为举动，还是大的方面想要有所作为，都要取法于天。动作，指细小的行为举动。有为，指有计划的一些大的举措。

[7]相贼：相互残害。

[8]以其兼而爱之、兼而利之也：天对于所有的人都爱，对于所有的人都利。兼，一起、全都。

[9]以其兼而有之、兼而食之也：所有的人都为天所有，天对所有的人都供给吃的。也就是人为天所有，天要让所有的人都生存。

【品读】

墨子提倡兼爱，提倡爱人利人，他的这种认识是取法于天的。这就是中国古代的法天思想。在古人眼里，天是人类一切行为的最终依据、最高准

则。天是爱养万物、爱利万物的，人就要以此作为自身行为的准则。所以，人要敬天法天，在天的爱养与爱利之中美好地生活。

但是，人类总是出现许多问题，其实总起来说就是不相仁爱。无论是谁，从身份上来说，可以是父母，可以是师长，可以是君上等等，都可能有问题，这使得在下位者师从有误，在不知不觉中模糊了自身行为的正确标准。我们求教于父母，求教于师长，求教于君上，却未必能有一个统一的标准，因而也难以让天下之人都口服心服。之所以如此，就是因为大家不懂得取法于同一个标准——天。在这里，墨子是在引领大家思考，从而寻找到一个终极真理。

墨子所找到的是天，这是他荐之于人所共同取法的标准。

“天之行广而无私，其施厚而不德，其明久而不衰，故圣王法之。既以天为法，动作有为必度于天，天之所欲则为之，天所不欲则止。”这一段话说得非常好。天之行广大无私，给予万物的非常多，却不自以为德，其明久而不衰，永远不变而生生不息。这是墨子所说的天之可法之处，所以圣明的人法之，明白世事的人法之。“既以天为法，动作有为必度于天”，能以天为法，动作、行为，一切必以天为度数，“天之所欲则为之，天所不欲则止”。如果真能做到如此，一切也就非常简单了。其实，世事本来就是简单的，是我们自己把这一切搞复杂了。

“天之所欲”与“天所不欲”是什么呢？答曰：“天必欲人之相爱相利，而不欲人之相恶相贼也。”

这就是墨子所明确提出的最根本的依据、人类最高的准则。从来就没有人像墨子一样说得这么明确，说得这么系统而有逻辑。当人类的行为失去了准则，甚至连天都不放在眼里了，这是最可怕的事情。所以，面对战国交争，墨子提出兼爱的思想，这是源自于天的最高准则。墨子要让天重新回到人们的头脑之中。

3　今天下无大小国，皆天之邑[1]也。人无幼长贵贱，皆天之臣也。[2]此以莫不犓羊、豢犬猪[3]，洁为酒醴粢盛[4]，以敬事天，此不为兼而有之、兼而食之邪！天苟兼而有之食之，夫奚说以不欲人之相爱相利也！故曰：爱人利人者，天必福之[5]；恶人贼人者，天必祸之[6]。曰：杀不辜者，得不祥焉。夫奚说人为其相杀而天与祸乎！是以知天欲人相爱相利，而不欲人相恶相贼也。

昔之圣王禹汤文武，兼爱天下之百姓，率以尊天事鬼[7]，其利人多，故天福之，使立为天子，天下诸侯皆宾事之[8]。暴王桀纣幽厉，兼恶天下之百姓，率以诟天侮鬼[9]，其贼人多，故天祸之，使遂失其国家，身死为僇[10]于天下，后世子孙毁之，至今不息。故为不善以得祸者，桀、纣、幽、厉是也，爱人利人以得福者，禹汤文武是也。爱人利人以得福者有矣，恶人贼人以得祸者亦有矣。

【注释】

[1]邑：国。古代称国为“邑”。

[2]无：无论。臣：民。在古代，官和民相对于国君都称民。

[3]犓(chú)羊：按文意，应当写作“犓牛羊”。犓，同“刍”，指用草料来喂养。豢(huàn)：饲养牲畜。

[4]以洁为酒醴(lǐ)粢(zī)盛：指能够洁净地准备好酒食与谷物进行祭祀。醴，甜酒。粢盛，古代盛在祭器内以供祭祀的谷物。

[5]福之：给他带来福。

[6]祸之：给他带来祸。

[7]率以尊天事鬼：带领大家崇敬上天，侍奉鬼神。

[8]宾事之：敬奉他，恭敬地对待他。

[9]诟(gòu)天侮鬼：诟骂上天，侮辱鬼神。

[10]为：被。僇(lù)：通“戮”，杀戮。

【品读】

这两段文字承上文而来，继续解说人类要取法于天的道理。

天是爱养万物的，这是古圣人共同的认识，所以，取法于天，是人类最基本的行为准则。墨子在这里说，现在天下无论大国小国，都是天之邑；人无论是幼是长、是贵是贱，都是天之臣民。天下人都把自己养的牛羊猪狗，把美酒与谷物拿来祭祀上天。因为人们都在天的爱养之下生活，所以人们要上报于天，要祭祀于天。这一件事情说明，上天对天下之人是“兼而有之、兼而食之”的。而且，上天也是如此希望天下之人相爱相利的。

由此，就可以得出一个结论：“爱人利人者，天必福之；恶人贼人者，天必祸之。”行文至此，墨子明确地表述了天下共行的大准则，即爱人利人的人，天必赐福给他；憎恶人、贼害人的人，天必降祸给他。

但是，我们应该明白，墨子所说的，看起来好像是天在左右人间的福祸，实际上福祸完全出于人自身之所作所为，因为无论是爱人利人还是恶人贼人，这是一个人自己的选择。用通俗的话来说就是：爱人利人必得福，恶人贼人必得祸。这应该说是人间的大真理，因为任何一个人都不可能颠倒行事，任何一个人都不可能把这个真理反转过来。墨子是圣人，是大善之人，他在教给天下人得善得福的行为准则。有很多研究墨子的学者，说墨家学派具有宗教性质，但是我们看墨子都是在说人间的实在话，说人间的常理，真是朴实之极，墨子具有一颗爱人之心。

墨子在这里讲法仪，他开出了一个极大的题目——讲人间所共行的法度。当人行事不知所措之时，我们取法于父母、取法于所学、取法于国君，但是他们各种各样，未必能仁，而且他们又取法于谁？鉴于此，墨子说——法天。因为天是兼爱万物的，天“兼而有之、兼而食之”，每个人都从天那里得到了爱养，这就是最值得我们天下之人所取法的。在天之爱养爱利之下，在天的博大胸怀之中，任何个人的思想都失去了意义。中国古人是敬天的，这就是敬天的真正原因。敬天，实际上敬的是人类自身所具有的美德，敬的是爱人利人的美德。对于这一切，如果我们没有认识，就怀着一颗敬仰的心、怀着一颗感恩的心在生活中印证一下，那么一切就都明白了。

墨子对当时的战乱有特别的痛感，那是极端不爱不利的表现，也是极端恶人贼人的表现，所以他要告知人们，“恶人贼人者，天必祸之”，“杀不辜者，得不祥焉”。

“昔之圣王禹汤文武，兼爱天下之百姓，率以尊天事鬼，其利人多，故天福之。……暴王桀纣幽厉，兼恶天下之百姓，率以诟天侮鬼，其贼人多，故天祸之。”墨子说得明明白白，也极为亲切：“爱人利人以得福者有矣，恶人贼人以得祸者亦有矣。”

这是一篇美文，不知大家能否体会得出？用心读，细心读，一定会越读越美。

七 患

1　子墨子曰：国有七患[1]。七患者何？城郭沟池不可守而治宫室[2]，一患也；边国至境[3]，四邻莫救，二患也；先尽民力无用之功[4]，赏赐无能之人，民力尽于无用，财宝虚于待客，三患也；仕者持禄[5]，游者爱佼[6]，君修法讨臣，臣慑而不敢拂[7]，四患也；君自以为圣智而不问事[8]，自以为安强而无守备，四邻谋之不知戒，五患也；所信者不忠，所忠者不信，六患也；畜种菽粟不足以食之，大臣不足以事之[9]，赏赐不能喜，诛罚不能威[10]，七患也。

以七患居国，必无社稷；以七患守城，敌至国倾。七患之所当，国必有殃。

【注释】

[1]患：忧患、灾祸。

[2]城：指都邑的城墙。郭：外城，古代在城的外围加筑的一道城墙。沟池：护城河。宫室：这里指国君的宫廷。

[3]边国至境：指敌国来侵。边国，外国，这里指敌国。

[4]先尽民力无用之功：先耗尽民力去做无用的事情。

[5]仕者持禄：做官的只求保持俸禄和官位。

[6]游者爱佼（jiāo）：游学的人只知道结交朋友。游者，游学的人。佼，同“交”。

[7]君修法讨臣，臣慑而不敢拂（bì）：指国君常常要修订法律而惩罚臣下，臣下畏惧而不敢加以矫正。拂，通“弼”，矫正、纠正。

[8]不问事：指凡遇事不去询问臣下。

[9]畜种菽粟不足以食之，大臣不足以事之：贮存和种植的粮食不够吃，大臣不能胜任职务。

[10]赏赐不能喜，诛罚不能威：国君行赏不能使人高兴，诛罚不能使人畏惧。

【品读】

治理国家，总是会有一些忧患，或者说是隐患。凡是忧患，所连带的都是恶果。当恶果来到眼前才想起来要应对时，已经太晚了。忧患之所以是患忧，它本身就含有预先的警示，如果不能认识到，那么结果可想而知。关于治理国家方面的忧患，墨子在这里总结了七种，名曰“七患”，涉及国家的内政与外交。但是，墨子所讲的道理并没有多么高深，都是非常朴实的。其实，也正是这样，这些忧患才不容易被人所注意。墨子就像是一位长者在谈如何生活、如何过日子，谈得极为朴实。

第一患："城郭沟池不可守而治宫室。"如果城墙、城池不牢固，不能够抵御外来侵犯，而国君却致力于把自己的宫室建筑得严整而华美，这是一国之君没有智慧的表现。国不保，宫室怎可得保？其实，每当国君产生修建宫室念头的时候，都应该想到还有更重要的事情要做。一位国君，为己之念一动，必然牵动全局。所以，行己不得不严。身处国君之位，必当思量国君应思之事。

第二患："边国至境，四邻莫救。"这一条，讲的是国家睦邻友好、和谐相处的事情。墨子在其他的文章中，也常常讲到要礼待大国、礼待周边国家。国与国相处，与邻人相处没有什么两样，礼尚往来，互相帮助，这才是常道。一国之君若不懂这个道理，就有可能导致敌国来侵，邻国坐视而不救。

我们再看第三患："先尽民力无用之功，赏赐无能之人，民力尽于无用，财宝虚于待客。"耗尽民力去做无用的事情，一般是指不必要的土木工程。而赏赐无能之人，是指赏非贤者，错赏其人。这是讲民之力与国之财不能用在正确的事情上。此种做法势必引起民怨沸腾，导致民心涣散。

我们看看第五患与第六患："君自以为圣智而不问事，自以为安强而无守备，四邻谋之不知戒。""所信者不忠，所忠者不信。"若国君自以为很有智慧，就不会与士大夫交流，不能听到他们的见解；自以为国家强大而不懂得守备，不会处理与四邻的关系，以至于四邻有所企图而全然不知，那可真是有些糊涂。这样很自然地就会导致信而不忠、忠而不信之患了。

墨子说："以七患居国，必无社稷；以七患守城，敌至国倾。七患之所当，国必有殃。"其所说，真可谓发人深省。一位国君如果真正爱这个天下，爱这个国家，如果真要对天下民众负责，那么，就会产生真正的智慧。

2　凡五谷者，民之所仰[1]也，君之所以为养[2]也，故民无仰则君无养[3]，民无食则不可事[4]，故食不可不务也，地不可不力也，用不可不节也。五谷尽收，则五味尽御[5]于主，不尽收则不尽御。一谷不收谓之馑，二谷不收谓之旱，三谷不收谓之凶，四谷不收谓之馈，五谷不收谓之饥。岁馑，则仕者大夫以下皆损禄五分之一。[6]旱，则损五分之二。凶，则损五分之三。馈，则损五分之四。饥，则尽无禄，禀食[7]而已矣。故凶饥存乎国，人君彻鼎食五分之三[8]，大夫彻县[9]，士不入学[10]，君朝之衣不革制[11]，诸侯之客，四邻之使，雍食而不盛[12]，彻骖骓[13]，涂不芸[14]，马不食粟，婢妾不衣帛，此告不足之至也。

今有负其子而汲者，队[15]其子于井中，其母必从而道[16]之。今岁凶、民饥、道饿，此疚重于队其子[17]，岂可无察邪？故时年岁善，则民仁且良；时年岁凶，则民吝且恶。夫民何常此之有[18]？为者疾[19]，食者众，则岁无丰。故曰财不足则反之时，食不足则反之用。[20]

故先民以时生财，固本而用财，则财足。[21]

故虽上世之圣王，岂能使五谷常收，而旱水不至哉？然而无冻饿之民者何也？其力时急，而自养俭也。[22]故《夏书》曰“禹七年水”，《殷书》曰“汤五年旱”，此其离[23]凶饿甚矣，然而民不冻饿者何也？其生财密，其用之节也。

故仓无备粟，不可以待凶饥。库无备兵，虽有义不能征无义。城郭不备全，不可以自守。心无备虑，不可以应卒。[24]是若庆忌[25]无去之心，不能轻出。夫桀无待汤之备，故放；纣无待武之备，故杀。桀、纣贵为天子，富有天下，然而皆灭亡于百里之君者何也？有富贵而不为备也。故备者国之重也[26]，食者国之宝也，兵者国之爪也，城者所以自守也，此三者国之具也。

故曰以其极赏，以赐无功；虚其府库，以备车马衣裘奇怪[27]；苦其役徒，以治宫室观乐；死又厚为棺椁，多为衣裘；生时治台榭，死又修坟墓；故民苦于外，府库单[28]于内，上不厌其乐，下不堪其苦。故国离寇敌则伤，民见凶饥则亡。此皆备不具之罪也。且夫食者，圣人之所宝也。故周书曰：“国无三年之食者，国非其国也；家无三年之食者，子非其子也。”此之谓国备。

【注释】

[1]仰：仰赖、依赖。

[2]所以为养：用来养活百姓的东西。

[3]民无仰则君无养：（如果）百姓失去了所依赖的五谷粮食，那么国君也就没有什么

来养育他的百姓。

[4]事:通"使",指调派、使用。

[5]御:进食、食用、享用。

[6]仕者:指从政做官的。大夫:古代贵族的等级名称,同时也是职官的等级名称,其地位在卿之下、士之上。损禄五分之一:减少俸禄的五分之一。

[7]禀食:官家给食。这里指没有俸禄,靠官家供给吃饭。

[8]彻:通"撤"。鼎食:列鼎而食,这是指世家大族等有官位的人的生活。

[9]彻县:把乐器撤去,表示不听音乐了。县,同"悬",指古时大型乐器如钟磬等悬挂在木架上。

[10]士不入学:指读书人不能上学读书,要去种庄稼务农了。

[11]君朝之衣不革制:国君上朝的礼服坏旧之后不重新做。

[12]雍食而不盛:指接待的礼仪俭化。雍食,即"饔飧",早饭和晚饭,这里指馈食以及宴饮之礼。

[13]彻骖騑(cān fēi):指把位于两边的马撤去。骖騑,驾车时位于两边的马。

[14]涂不芸:指道路不加修治。涂,通"途",道路。芸,通"耘",除草。

[15]队:同"坠"。

[16]道:通"导",牵引。

[17]句意为:岁凶、民饥、道殣的惨痛,比孩子掉入井中还要严重。疚,病。

[18]民何常此之有:人民的性情哪有常此不变的?此,指人民性情之"仁且良"与"吝且恶"。

[19]疾:在此处讲不通,清代学者俞樾认为,应当从旧本作"寡",可从。

[20]故曰财不足则反之时,食不足则反之用:所以说物产不足就要反省是否能不违农时而加紧农业生产,粮食不足就要反省日常食用是否能节俭。财,通"材",材物,即物产。

[21]故先民以时生财,固本而用财,则财足:所以先民不违农时而加紧生产,农业根本稳固,然后节约地使用财物,那么这时财物就够用了。

[22]其力时急,而自养俭也:其不违农时,加紧生产,而自己也非常节俭。

[23]离:通"罹",遭受。

[24]心无备虑,不可以应卒:如果事先没有周密的思想准备,就不可以应对突然的急变。卒,通"猝",突然。

[25]庆忌:春秋时吴王僚之子,吴王阖闾杀死王僚夺取政权,庆忌流亡卫,阖闾担心庆忌可能联合诸侯来讨伐自己,便派刺客要离装扮成奔逃的样子到卫国,将庆忌骗出卫国,在其渡河时将他刺杀。

[26]故备者国之重也:所以,预先有充分的准备是国家的大事。

[27]奇怪:指珍奇异宝。

[28]单:同"殚",竭尽。

【品读】

在这里，墨子重点谈了一件大事，即“固本”与“节用”。这是人类社会生存与发展最根本的一个问题。本，在古代社会指农业，这是天下之根本，是每一家每一户生存的根本。然而越是根本性的问题，上层社会的认识往往越是不足。他们往往把精力放在根本问题之外的事情上。

民以食为天，这是最为简单、最为朴实的一个观念。墨子所关心的就是最为根本的民生问题。墨子说：“凡五谷者，民之所仰也，君之所以为养也，故民无仰则君无养，民无食则不可事。”五谷，即粮食，这是人民所赖以生存的根本，也是国君用来养活人民的东西。如果人民失去了这个依赖，国君也就失去了养活人民的资本，而人民如果没有吃的了，那就什么事也做不成了。所以墨子说：“食不可不务也，地不可不力也，用不可不节也。”这真是过日子的大实话。

墨子说：“五谷尽收，则五味尽御于主，不尽收则不尽御。”其中的“主”，不可理解为人主、君王，而是人。五谷尽收，则五味大家都能吃到；如果五谷不能尽收，大家就不可能吃到五味了。所以，五谷尽收，五谷丰登，这是人人都希望看到的美好景象。而真正的美好更在于五谷丰登之后天下太平，和谐幸福，所以《六韬·立将》里面又说：“是故风雨时节，五谷丰熟，社稷安宁。”

我们看，这是一个非常朴素的常识，而古人一说再说。墨子在这里又更加认真地说明，一谷不收以至五谷不收，对社会正常生活所造成的影响，并且强调指出：“故时年岁善，则民仁且良；时年岁凶，则民吝且恶。”年岁凶，则社稷不会安宁，因为百姓性情不良的一方面就会释放出来。所以，墨子提醒人君：“财不足则反之时，食不足则反之用。”物产如果不足，就要反省是否要不违农时而加紧农业生产。如果通过农业生产所得到的物资已足够用，但是粮食还是不足，这时就要反省是否应懂得节俭。

我们知道，新中国成立前后，物资非常匮乏。在那个艰苦的岁月里，我们一直提倡“艰苦朴素”“勤俭节约”，这正是中华民族几千年传承下来的美德，但现在物产极大丰富了，而勤俭节约的作风却少见了，这就是不懂得珍惜。今天再读墨子，我们应当懂得反省自身。

墨子所说的，是很朴实的道理，既要“固本”，同时又要懂得“节用”。他反复强调，“其力时急，而自养俭也”，“其生财密，其用之节也”。在我们读

来，就应当明白，无论在什么情况下都应当俭约、“固本”。

墨子讲七患，以“固本”“节用”为重点，由此可统摄七患，这是抓住了根本来谈问题。

关于“节用”，墨子有还有专门论述，在此不作过多分析。

三 辩[1]

程繁[2]问于子墨子曰："夫子曰'圣王不为乐'。昔诸侯倦于听治[3]，息于钟鼓之乐[4]；士大夫倦于听治，息于竽瑟之乐；农夫春耕夏耘，秋敛冬藏，息于聆缶[5]之乐。今夫子曰'圣王不为乐'，此譬之犹马驾而不税，弓张而不弛[6]，无乃非有血气者之所不能至邪[7]？"

子墨子曰："昔者尧舜有茅茨[8]者，且以为礼，且以为乐。汤放桀于大水，环天下自立以为王，事成功立，无大后患，因先王之乐，又自作乐，命曰《护》，又修《九招》。武王胜殷杀纣，环天下自立以为王，事成功立，无大后患，因先王之乐，又自作乐，命曰《象》。周成王因先王之乐，又自作乐，命曰《驺虞》。周成王之治天下也，不若武王，武王之治天下也，不若成汤，成汤之治天下也，不若尧舜。故其乐逾[9]繁者，其治逾寡。自此观之，乐非所以治天下也。[10]"

程繁曰："子曰'圣王无乐'，此亦乐已，若之何其谓圣王无乐也？"

子墨子曰："圣王之命[11]也，多者寡之[12]。食之利也，以知饥而食之者，智也。不饥而食，固为无智矣。[13]今圣有乐而少，此亦无也。"

【注释】

[1]此篇文字，其题名虽为"三辩"，但文中仅包括两次问对，并没有三辩，到底"三辩"之名因何而来，其真实情况不得而知。又根据其内容，这一篇文字似乎应当是《非乐》中的一篇，读者可与《非乐》合起来参读。

[2]程繁：即本书《公孟》篇中出现的程子，是当时的一位游学者，学过儒墨。

[3]听治：处理政事。

[4]息于钟鼓之乐：在钟鼓之乐中得到休息。

[5]聆缶：应当是两种简陋的打击乐器。聆，清代学者王念孙指出，"聆"应当是"瓴"字，一种陶制的容器，似瓶。缶，瓦盆。

[6]句意为：这种情况就好像是把马套上车后不再卸下来，弓拉紧之后不再放松。税(tuō)，通"脱"，指将马从马车上卸下来。

[7]句意为：这恐怕不是有血气的人所能做到的吧？无乃，相当于莫非、恐怕是，表示委婉揣测的语气。

[8]茅茨：茅草盖的屋顶，这里指茅草屋。茅，茅草。茨，屋顶。

[9]逾：通"愈"，更加。

[10]乐非所以治天下：音乐并不是用来治理天下的手段。

[11]圣王之命：指圣王的教令。

[12]多者寡之：指不论何事，若过度了，就要减少它。

[13]从"食之利也"至"固为无智矣"，这几句话原文不通，这里采用了学者王焕镳的研究与校正成果。

【品读】

这一篇《三辩》，很可能并不完整，我们看到的仅仅是流传下来的一部分。这一部分谈到的是乐的问题。从这些仅有的文字中可以看出，墨子对乐的基本认识是非常明确的。

这里，程繁提出一个问题：无论是诸侯、士大夫处理政务，还是农夫劳作，都有劳累疲倦的时候，而通过音乐可以得到相应的休息，自古以来都是如此。但是，为什么墨子却说"圣王无乐"呢？

这的确是一个问题。聆听音乐可以使人消除疲劳，这是音乐自然而然的功能。这一点是毫无疑问的。而墨子却主张"非乐"，这必然有他的道理。

墨子讲到，尧舜之时，在茅草屋中即可成礼作乐，十分简易方便，人们随时可得到休息。此后，商汤、周武王、周成王都继承了先王的乐，又加以改进、增益。所以，乐越作越繁复。但是同时，天下大治的时候却越来越少了。也就是说，乐发展到繁荣就走向了自身的反面。

由此可以看出，程繁是从消除疲劳的角度看问题，而墨子是从治理天下的角度看问题，两者的出发点是不相同的。墨子当然明白作乐能解除疲劳，但他更深刻地认识到，仅凭作乐并不能治理好天下，乐不是治理天下的工具。

因为作乐之事，前世既有之，后世必然转繁，转繁且走向专门化，这就要走向事情的反面了。墨子用吃饭来作比喻。他说，饥而食，这是智；而已经吃饱了，还要过度进食，那就是不智了。所以，"圣王之命也"，是"多者寡之"。即事情若做得过度了，就要控制它、减少它。

确实如此，很多事情，我们往往在看到它的益处的同时，眼里只有其益而力图扩大其益，结果，形成了一个为益而益的局面，最后却走向反面。即如作乐，本可用来休息，但一味作乐，为乐而乐，则必然荒怠政务，贻误正事。

此音乐之事成为专门的事情，且搞得过了头，这就是"有"。而其原本并非专门之事，从这个角度来说就是“无”。“无”的确有“无”之大用，而“有”却恰恰成就了“有”之大害。所以，墨子说“圣王无乐”，是强调圣王没有专门的乐，没有为乐而乐的乐。由此可知，程繁见其小，墨子见其大。墨子“非乐”是有其道理的。

尚　贤（上）

1　子墨子言曰："今者王公大人为政于国家者，皆欲国家之富，人民之众，刑政之治[1]。然而不得富而得贫，不得众而得寡，不得治而得乱，则是本失其所欲，得其所恶，是其故何也？"子墨子言曰："是在王公大人为政于国家者，不能以尚贤事能[2]为政也。是故国有贤良之士众，则国家之治厚[3]，贤良之士寡，则国家之治薄。故大人之务，将在于众贤[4]而已。"

【注释】

[1]刑政之治：指刑事与政务都得到很好的治理。

[2]事能：任用、使用贤能的人。

[3]治厚：这里是指治理的功绩大。

[4]众贤：使贤良之人众多。众，用作动词。

【品读】

在人类社会里，事与愿违的情况太多了。墨子发论，首先便揭出这一现象。那些为政于国者，即天子以及王公大人们，"皆欲国家之富，人民之众，刑政之治"。他们的愿望都是非常美好的，但是，实际上却"不得富而得贫，不得众而得寡，不得治而得乱"，从根本上失去其所欲而得其所恶，其原因何在呢？墨子曰：因为这些王公大人们不能以尚贤使能为政也。简单地说，就是不能尚贤。

我们知道，无论做什么，头等重要的事情是要有人，做什么事，就需要有什么人。治理国家，就要有治理国家的人。而且，有什么样的人来治理国家，就会有什么样的国家；有什么样的人来治理天下，就会有什么样的天下。不得其人，便不得其事，也就不得其利，最终也就得不到我们想要的理想的结果。

现代社会是高度竞争的社会，国家之间、行业之间，无不重视人才。人才培养、人才战略、人才之争……是当今世界最基本的话题之一。墨子的智慧远在我们之上，他提出来的"尚贤"之"贤"，不仅仅是我们通常所说的人才。中国古人认定的"贤"是"有善行"而"多才"之人，也就是孟子所说的"良知良能"之人，有"良知"就保证了其能是"良能"，也就是他的"能"能用得对、用得好。

所以，真正要治理好天下，必须尚贤，必须得到治理天下的良才。这是一个根本，是治理国家的根本。如果贤良之士众多，那么国家之治理就会越来越好；若贤良之士寡少，那么国家之治理就不会那么好了。王公大人之要务，正是在于培养、发现并任用这样的贤良之人，而且越多越好。

2　曰："然则众贤之术将奈何哉？"子墨子言曰："譬若欲众其国之善射御之士[1]者，必将富之，贵之[2]，敬之，誉之，然后国之善射御之士，将可得而众也。况又有贤良之士厚乎德行、辩乎言谈[3]、博乎道术者乎？此固国家之珍，而社稷之佐也，亦必且富之，贵之，敬之，誉之，然后国之良士，亦将可得而众也。"

是故古者圣王之为政也，言曰："不义不富，不义不贵[4]，不义不亲，不义不近。"

是以国之富贵人闻之，皆退而谋[5]曰："始我所恃者，富贵也，今上举义不辟贫贱，然则我不可不为义。[6]"亲者闻之，亦退而谋曰："始我所恃者亲也，今上举义不辟疏，然则我不可不为义。"近者闻之，亦退而谋曰："始我所恃者近也，今上举义不避远，然则我不可不为义。"远者闻之，亦退而谋曰："我始以远为无恃，今上举义不辟远，然则我不可不为义。"逮至远鄙[7]郊外之臣，门庭庶子[8]，国中之众、四鄙之萌人闻之，皆竞为义。是其故何也？

曰："上之所以使下者，一物也。下之所以事上者，一术也。[9]譬之富者有高墙深宫，墙立既，谨上为凿一门，有盗人入，阖其自入而求之，盗其无自出。是其故何也？则上得要也。"

【注释】

[1]射御之士：善于射箭与驾车的人。

[2]富之，贵之：使他们富裕，使他们尊贵。

[3]辩乎言谈：指健谈善辩、善于辞令。

[4]不义不富，不义不贵：不义的人，不能使他们富裕，也不能使他们尊贵。

[5]退而谋：指返躬而思。

[6]句意为：当初我们所依靠的是富贵的地位，现在国君提拔、任用仁义之人，而不避贫贱，那么我们就不能不做仁义之事了。恃，依靠。辟，通"避"。

[7]鄙：边邑、边境，指边远的地方。

[8]门庭庶子：指在宫室门庭担任宿卫等事务的贵族子弟。庶子，指嫡子以外的众子。

[9]这句话中，上使下，下事上，两件事对言。上使下的"一物"，指的是"尚贤"；而下事上的"一术"，指的是行仁义。

【品读】

前文墨子提出尚贤，提出王公大人之要务在于使贤能之人增多，因为治理天下需要贤能之人。在这里，墨子沿着这个思维继续谈如何尚贤，如何使贤能之人增多。

对一般人来说，只要让他富贵起来，尊敬他，赞誉他，他就会感到自身价值的存在。所以，要尚贤，最基本的就是要“富之，贵之，敬之，誉之”。但是，仅仅如此是有极大的弊端的。以富贵引导人，众人必为利禄而来，如此一来天下必乱。这是一种功利主义的行为，不是使天下大治的措施。孔子曾经说过：“不义而富且贵，于我如浮云。”①天下之大，有几人能做到如此？所以关键不在于“富且贵”，而在于导天下之人于义。墨子在这里也说：“不义不富，不义不贵，不义不亲，不义不近。”就是要让人知道仁义，而行于仁义。如此，大家才能够认识到该如何想、如何做。至此，事情已经非常明了，“上之所以使下者，一物也。下之所以事上者，一术也”。即上能尚贤而下能行义，如此则天下可治。我们看，圣人之心，全在天下，真正能从根本上来考虑问题。

3　故古者圣王之为政，列德[1]而尚贤，虽在农与工肆之人[2]，有能则举之，高予之爵，重予之禄，任之以事，断予之令[3]，曰：“爵位不高则民弗敬，蓄禄不厚则民不信，政令不断则民不畏。”举三者授之贤者，非为贤赐也，欲其事之成。故当是时，以德就列，以官服事[4]，以劳殿赏[5]，量功而分禄。故官无常贵，而民无终贱，有能则举之，无能则下之。举公义，辟私怨，此若言之谓也。

故古者尧举舜于服泽之阳[6]，授之政，天下平；禹举益于阴方之中，授之政，九州成[7]；汤举伊尹于庖厨之中，授之政，其谋得[8]；文王举闳夭泰颠于罝罔之中，授之政，西土服[9]。故当是时，虽在于厚禄尊位之臣，莫不敬惧而施，虽在农与工肆之人，莫不竞劝而尚意。故士者所以为辅相承嗣[10]也。故得士则谋不困，体不劳，名立而功成，美章而恶不生[11]，则由得士也。

是故墨子言曰：“得意，贤士不可不举；不得意，贤士不可不举。[12]尚欲祖述[13]尧舜禹汤之道，将不可以不尚贤。夫尚贤者，政之本也。”

【注释】

[1]列德：根据其德来安排职位。列，排列，安排其位次。

---

① 《论语·述而》。

[2]虽在农与工肆之人：即使是农民、工匠、商人。中国古代是四民——士、农、工、商社会，士居四民之首。肆，是作坊、店铺、市集的总称，这里指的是四民之中的商人。

[3]断予之令：要非常放心地给他行使政令的权力，使他完全能按照自己的思想作出决定、发布政令、处理事务。断，果断，这里指放心。

[4]以官服事：按照自己的官职来处理各种事务。服，从事、致力。

[5]以劳殿赏：根据功劳来决定所应得到的赏赐。殿，定、确定。

[6]服泽：地名，即濩泽，在今山西省。阳：山南水北为阳。

[7]益：即伯益，名大费，善于畜牧狩猎，舜任之为山虞之官，后助禹治水有功，被禹选为继承人而禅让之。阴方：地名，所在地不详。九州成：指益助禹治水而完成了勘定，结果征服了西部地区九州的大事。

[8]汤：名天乙，是商代第一任君主。伊尹：传说原来是厨师，是汤妻的陪嫁奴隶。因有贤能，被汤任用为大臣，后助汤灭夏建立商。其谋得：即是指商汤灭夏建国的图谋得以实现。

[9]句意为：闳夭、泰颠本来在山林之中以捕猎禽兽为生，文王举用了他们。闳夭、泰颠，都是文王的大臣，曾用计使文王从商纣王的囚禁中获释，后来又辅佐武王伐纣。罝(jū)，捕兽的网。

[10]辅相：辅佐大臣。承嗣：继承人，即天子与诸侯的继承人。

[11]美章而恶不生：美善得到彰显而丑恶就能被杜绝。章，通"彰"，彰显。

[12]得意：得志，指天下、国家大治。不得意：不得志，指功业未成，天下、国家没有得到治理。

[13]祖述：效法、发扬。

【品读】

中国古人有一种优良的品质，即善于借鉴历史，扬其善而避其短，这叫作"疏通知远"。墨子在这里讲尚贤，本来就是从古人尚贤的做法中获得的智慧。

古人为政，"列德而尚贤"，并没有士、农、工、商的区别。其实，上古之人质朴，社会并不发达，也就没有四民之分。四民之分，是后人的观念。当有了这个观念之后，也就说明在现实社会中确实已有四民的分别了。

春秋晚期至战国时期，士的地位与作用日益突显出来，《荀子·儒效》说"儒者在本朝则美政，在下位则美俗"，正是对士的作用的概括。但是，荀子的概括未免绝对化了，因为媚俗自利者不乏其人，国家政教之败坏正是与这样的士有关。所以，墨子说这样一些人，他们是不明大义的。而农、工、商中却又不乏贤者，墨子之所以强调这一思想，是要打破阶层之隔，以贤能为上。所以他要把大家带进历史，考察历史，取法于古人。这是真正的平等待人的思想。

认识到这一点很不容易，也让我们产生思考。人人平等，是从性德上来讲的，是从人的本性上来说的。从这个意义上来说，人人相同，没有什么两样，即所谓“人之初，性本善”，这是真正的平等。阶层、地位等外在的不平等是事相上的不平等，是人为的思想观念之下的产物。若能看到这一点，才能真正明白什么是尚贤。所以，墨子讲的“夫尚贤者，政之本也”，是有深刻的内涵的，不是我们现在所理解的崇尚人才仅重其能的表面文章。

尚　贤（中）

1　贤者之治国也，蚤朝晏退，听狱治政[1]，是以国家治而刑法正。贤者之长官也，夜寝夙兴[2]，收敛关市、山林、泽梁之利[3]，以实官府，是以官府实而财不散。贤者之治邑也，蚤出莫入[4]，耕稼树艺、聚菽粟[5]，是以菽粟多而民足乎食。故国家治则刑法正，官府实则万民富。上有以洁为酒醴粢盛[6]，以祭祀天鬼。下有以食饥息劳[7]，将养其万民。内有以怀天下之贤人。外有以为皮币[8]，与四邻诸侯交接。是故上者天鬼富之，下者万民亲之，内者贤人归之，外者诸侯与之。以此谋事则得，举事则成，入守则固，出诛则强。故唯昔三代圣王尧、舜、禹、汤、文武之所以王天下正诸侯者，此亦其法已。

【注释】

[1]蚤朝晏退，听狱治政：早早地就上朝而很晚才退朝，听理讼狱，处理政务。蚤，通"早"。晏，晚。听，审察、决断与治理。

[2]长官：居官。夜寝夙兴：晚睡早起。

[3]收敛：收取。关市：市集一般位于交通要道，所以叫关市。山林：指捕猎之业。泽梁：在水流中用石筑成的拦水捕鱼的堰，这里指捕鱼之业。

[4]蚤出莫入：指早出晚归。莫，通"暮"，黄昏。

[5]耕稼：泛指种庄稼。树艺：种植、栽培。聚：积累。菽(shū)粟：大豆和小米，泛指粮食。

[6]洁为酒醴(lǐ)粢(zī)盛：指能够洁净地准备好酒食与谷物进行祭祀。醴，甜酒。粢盛，古代盛在祭器内以供祭祀的谷物。

[7]食饥：使饥饿的人得到吃的。息劳：使劳累的人得到休息。

[8]皮币：指毛皮和缯帛，古代用来作为贵重的礼物而互相馈赠。

【品读】

这一段文字很美，墨子具体描述了贤者治国勤政的景象。

贤者无论是在大的治国层面，次的居官层面，还是小的治邑层面上，都应当早朝晏退，夜寝夙兴，早出暮入，这就叫作"勤作息"。勤作息，强调的是"作"，而不是"息"，这是每一个在官之人都应当做到的事情，而且在我们一般人身上，这也是一种美德。治家不勤，必受其贫。在古代社会，讲求日没而息，不要求夜作，但是朝必早，作必勤。至今，这种美德传下来，为中华儿女所继承。

这里墨子所讲，是励精图治的常道。真正贤能的人，他们所关心的就是国家、天下，就是自己的职守，而不是个人的利益得失。这也正是墨子本人的真实写照。墨子出身工匠，接触社会很深、很广，能体会到别人所体会不到的许多东西。这么简单的道理，实际上又是至为深刻的，只有亲身经历才能得知。

接着，墨子总结出一个理想的治国纲领。他说：“上有以洁为酒醴粢盛，以祭祀天鬼。下有以食饥息劳，将养其万民。内有以怀天下之贤人。外有以为皮币，与四邻诸侯交接。是故上者天鬼富之，下者万民亲之，内者贤人归之，外者诸侯与之。”这样的为国之道，他在其他的许多场合也都讲过，简单地说就是：“上敬天，下爱养万民；内尊贤，外礼诸侯。”今天读来，我们才发现，古人真的是有大智慧，而且大道至简，明明白白。这对我们来说是有很大的启示的。

2　且以尚贤为政之本者，亦岂独子墨子之言哉！此圣王之道，先王之书，距年之言[1]也。传[2]曰：“求圣君哲人[3]，以裨辅而身[4]。”《汤誓》云：“聿求元圣[5]，与之戮力同心[6]，以治天下。”则此言圣之不失以尚贤使能为政也。

故古者圣王唯能审以尚贤使能为政，无异物杂焉[7]，天下皆得其利。古者舜耕历山，陶河濒，渔雷泽[8]，尧得之服泽之阳，举以为天子，与接[9]天下之政，治天下之民。伊挚，有莘氏女之私臣[10]，亲为庖人[11]，得之，举以为己相，与接天下之政，治天下之民。傅说被褐带索[12]，庸筑乎傅岩[13]，武丁得之，举以为三公，与接天下之政，治天下之民。此何故始贱卒而贵，始贫卒而富？则王公大人明乎以尚贤使能为政。是以民无饥而不得食，寒而不得衣，劳而不得息，乱而不得治者。

【注释】

[1]距年之言：指老人言。距年，指老年人。距，“钜”的假借字。

[2]传：大概是指某种古书，先秦典籍中经常说“传曰”。

[3]圣君：指贤明的诸侯、大夫。哲人：明白事理、智慧卓越的人。

[4]裨(bì)辅：辅佐。而：通“尔”，你。

[5]聿(yù)：助词，用于句首或句中，没有实在意义。元圣：大圣人。

[6]戮(lù)力：并力、合力。

[7]古者圣王唯能审以尚贤使能为政，无异物杂焉：古代的圣王确实能够以尚贤使能为其政务，再也没有其他的事情掺杂于其中了。也就是说，古圣王一心尚贤使能。审，确实。

[8]这三句采自传说，舜曾在济南历山耕作农田，在黄河之滨制作陶器，在雷泽打鱼。

[9]接：持，这里是掌管、治理。

[10]伊挚：即伊尹。有莘(xīn)：古国，在今山东省曹县西北。汤娶有莘国之女为妻。私臣：即陪臣，古代天子以诸侯为臣，诸侯以大夫为臣，大夫又自有家臣。所以，大夫对于天子，大夫之家臣对于诸侯，都是隔了一层的臣，即所谓“重臣”，都称为“陪臣”。

[11]亲为庖人：他的父亲是庖厨。

[12]傅说(yuè)：传说为殷高宗武丁的贤臣，原来是从事筑墙的奴隶，被高宗举用为大臣。被褐带索：穿粗布衣，以绳索为衣带，指生活贫寒。

[13]庸：通“佣”。筑：即版筑，古时筑墙先立版夹，然后填土夯实。傅岩：地名，在今山东省平陆县东。

【品读】

尚贤，是历史的经验，是古人治理天下太平的经验。中国人注重历史，从来就无意于突出个人的历史地位，凡事必上承天，前承古，如同孔子所说“述而不作”。在古人眼里，上古之时确实有一个伟大的黄金时代，他们把这个黄金时代概述为尧、舜、禹、汤、文、武时代，这个黄金时代本身又成为一个文化传统，后续又加上了周公与孔子。这个传统充分体现了人的天然心性，实现了人与自然之间、人与人之间的尊重与爱敬。我们就是要祖述这个传统，效法、发扬这个传统。

我们看，墨子讲尚贤时，其内在的含义是行仁义，是兼爱。所以墨子在这里也说，尚贤不是他个人的发明，而是圣王之道，是先王之书中所传，是老人之言。古书上说：“求圣君哲人，以裨辅而身。”治理天下，要让天下人和谐地生活，光靠一个人的力量，无论他是如何圣明也是不够的。所以，还要寻求贤明的诸侯、大夫，寻求智慧卓越的人，让他们来帮助自己。而《尚书·汤誓》也说：“聿求元圣，与之戮力同心，以治天下。”这是说，要寻求大圣之人，与之同心合力，一起治理天下。所以真正的古代圣王，他们“审能”——确实能以尚贤使能为政务，而没有其他的私念，也没有其他的途径，所以，天下皆得其利。舜、伊尹、傅说等人虽然身份低微，但却是贤明之人，所以圣王为天下计而举用他们，与他们一起来治理天下。这些人由贫贱而富贵，是自然之理。其富贵是天下人对他们的信任与景仰的结果。由于他们的贤能，天下人丰衣足食，减轻了劳苦，过上了幸福的生活。

墨子提出的这个传统，其实本来就是中华民族一直所认同的传统。这个认同，从来就没有失去，所以中华文明才能传承下来。而今我们需要发扬光大，使之走向世界。

尚　贤(下)(节选)

而今天下之士君子,居处言语[1]皆尚贤,逮至[2]其临众发政而治民,莫知尚贤而使能,我以此知天下之士君子,明于小而不明于大也。

何以知其然乎？今王公大人,有一牛羊之财[3]不能杀,必索良宰;有一衣裳之财不能制,必索良工。当王公大人之于此也,虽有骨肉之亲,无故富贵、面目美好者,实知其不能也,不使之也,是何故？恐其败财[4]也。当王公大人之于此也,则不失尚贤而使能。王公大人有一罢马[5]不能治,必索良医;有一危弓[6]不能张,必索良工。当王公大人之于此也,虽有骨肉之亲,无故富贵、面目美好者[7],实知其不能也,必不使。是何故？恐其败财也。当王公大人之于此也,则不失尚贤而使能。逮至其国家则不然,王公大人骨肉之亲,无故富贵、面目美好者,则举之,则王公大人之亲其国家也,不若亲其一危弓、罢马、衣裳、牛羊之财与[8]。我以此知天下之士君子皆明于小,而不明于大也。此譬犹喑者而使为行人,聋者而使为乐师。[9]

【注释】

[1]居处言语:指平时言谈。

[2]逮至:等到……时。

[3]牛羊之财:牛羊这样的财物。财,财物,东西。

[4]败财:指毁坏财物。

[5]罢马:即疲马,病弱的马。

[6]危弓:强弓。危,强劲。

[7]无故富贵:这里指没有功劳而得富贵者。面目美好者:这里指看着顺眼的人,也就是能言善道、逢迎不违的人。

[8]与:语气词,表感叹。

[9]句意为:这好像是派哑巴去当外交使者,派聋子去当乐师。喑(yīn)者,哑巴。行人,外交使者。

【品读】

墨子在言谈讲论之中,经常提到士君子"明于小而不明于大"。在这里,墨子讲到尚贤时,也提到了这一点。这是一个社会性的观察。

墨子说，一些王公大人有牛羊不能杀，一定要去找会杀的人；有衣裳不能做，一定要去找良工；有病弱的马不能治疗，一定要去找良医；有强弓不能开，也一定要去找良工。也就是说，他们要做事情时，若在某些方面他们本身不懂，就一定要去找懂行的人，请真正的能者，因为这些人能把事情办好。而那些骨肉之亲，那些富贵之人，还有那些能言善道的人，他们都不用，为什么呢？“恐其败财也”，担心他们把东西给毁坏了，把事情给办砸了。这些王公大人在这个时候是懂得尚贤使能的。

但是，等到治理国家的时候，他们却改弦易调，一改尚贤使能的做法。这个时候他们开始任用骨肉之亲、富贵之人，还有那些能言善道的人。可见，越是到了治国这样的关键时刻，他们就不明智了，就犯糊涂了。所以，墨子说，“今天下之士君子”“明于小而不明于大”。

但是，这个“明于小而不明于大”，是有道理可讲的。墨子说话并不伤人，他的用意并不在于批评士君子身上这样一些不良的现象，而只是一个提醒，一个期待。因为墨子从来不会指责别人不明事理，他说话很能照顾到别人的感受。我们在《墨子》一书全部的文字中也见不到他出口伤人的事情，他的“兼爱”品格从这里也能领略得到。我们看，治理国家，像其他事情一样，必待贤良，必待贤能。否则，必然“败国家这个大财”，也就是必然毁坏国家。若国家毁坏了，任何一个人都好不了。这时候那些良宰、良工即使再多，也没有了意义。这就是不明事理。

其实读到这里，我们自然而然地就能明白，不明事理的真正含义是：自私。执于其私，必然蔽明。如果私心膨胀，人就迷而无知了。墨子并没有把它点破，而是让人体味，真是用心良苦。

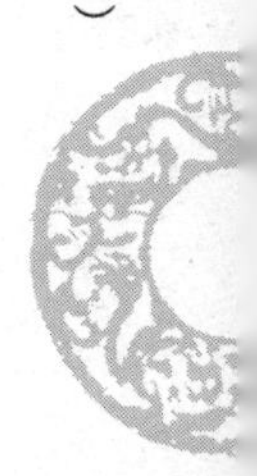

尚　同（上）

1　子墨子言曰：古者民始生，未有刑政之时，盖其语，人异义。[1]是以一人则一义，二人则二义，十人则十义，其人兹众，其所谓义者亦兹[2]众。是以人是其义，以非人之义，故交相非也。是以内者父子兄弟作[3]怨恶离散，不能相和合。天下之百姓，皆以水火毒药相亏害[4]，至有余力不能以相劳，腐死[5]余财不以相分，隐匿良道不以相教[6]。天下之乱，若禽兽然。

【注释】

[1]句意为：古代的时候，人类社会刚刚形成，还没有刑政，这时人们发出言论，人和人互不相同，意见很不一致。

[2]兹：通“滋”，愈益、更加。

[3]作：呈现某种状态。

[4]亏害：残害、损害。亏，损。

[5]腐死（xiǔ）：腐烂、腐朽。

[6]隐匿良道不以相教：这里是指好的道理得不到传播，不能用来教给他人。

【品读】

这里墨子揭示出了一种社会现象，即众口不一，各执己见，自以为是而互相非议。他说在人类社会刚刚成立之时，还没有什么统一的刑政，没有统一的政令，所以，一人就有一义，二人就有二义，十人则有十义，随着人数的增多，所持之义也就增多。

现在看来，“交相非”，即互相非议、互相否定，这依然是一个普遍的社会现象，而且越来越严重。这种现象反映出来的是一种无序的、纷争的状态，当然也完全可以说是一种无知的、不理想的状态。其中还涉及了各自的利益，所以就会形成竞争，产生争斗。这的确是一种不和谐的社会状态。《庄子》里面曾借用孔子的话“夫道不欲杂，杂则多，多则扰，扰则忧，忧而不救”①，说的正是这种人各有见而不能相谐甚至相争的情况。墨子在这里所

① 《庄子·人间世》。

讲的与其道理完全相通，他概括为“交相非”。其具体表现是：在家庭内部，父子兄弟怨恶离散，不相和合；天下之人，则以水火毒药互相侵害，即使有余力也不能互相帮助，有余财也不能互相分施，真正好的道理与好的思想也不能教给他人。你是你，我是我。这样，天下大乱，而人类社会跟禽兽也就没有什么两样了。

那么，面对这样一种社会状态，到底应该怎么办？这就是墨子想要解决的大问题。在阅读墨子以下言论之前，每一个人都可以作出思考，也可以设想一下，墨子会如何回答，然后再听一听墨子是如何说的。

2　夫明虖天下之所以乱者，生于无政长[1]。是故选天下之贤可者[2]，立以为天子。天子立，以其力为未足，又选择天下之贤可者，置立之以为三公[3]。天子三公既以立，以天下为博大，远国异土之民，是非利害之辩，不可一二[4]而明知，故画分万国[5]，立诸侯国君，诸侯国君既已立，以其力为未足，又选择其国之贤可者，置立之以为正长[6]。

正长既已具，天子发政于天下之百姓，言曰：“闻善而[7]不善，皆以告其上。上之所是，必皆是之，所非必皆非之，上有过则规谏之，下有善则傍荐[8]之。上同而不下比者，此上之所赏，而下之所誉也。[9]意若[10]闻善而不善，不以告其上，上之所是，弗能是，上之所非，弗能非，上有过弗规谏，下有善弗傍荐，下比不能上同者，此上之所罚，而百姓所毁也。”上以此为赏罚，甚明察以审信。[11]

是故里长[12]者，里之仁人也。里长发政里之百姓，言曰：“闻善而不善，必以告其乡[13]长。乡长之所是，必皆是之，乡长之所非，必皆非之。去若[14]不善言，学乡长之善言；去若不善行，学乡长之善行，则乡何说以乱哉？”察乡之所治何也？乡长唯能壹同[15]乡之义，是以乡治也。

乡长者，乡之仁人也。乡长发政乡之百姓，言曰：“闻善而不善者，必以告国君。国君之所是，必皆是之，国君之所非，必皆非之。去若不善言，学国君之善言，去若不善行，学国君之善行，则国何说以乱哉？”察国之所以治者何也？国君唯能壹同国之义，是以国治也。

国君者，国之仁人也。国君发政国之百姓，言曰：“闻善而不善。必以告天子。天子之所是，皆是之，天子之所非，皆非之。去若不善言，学天子之善言；去若不善行，学天子之善行，则天下何说以乱哉？”察天下之所以治者何也？天子唯能壹同天下之义，是以天下治也。

天下之百姓皆上同于天子，而不上同于天，则灾犹未去也。今若天飘风苦雨[16]，溱溱[17]而至者，此天之所以罚百姓之不上同于天者也。

【注释】

[1]虖：通“乎”，于。政长：指行政长官。

[2]贤可者：指贤能而可以当政的人。

[3]三公：指古代辅助天子、国君处理政务的三种最高官衔的合称。周代以太师、太傅、太保为三公。

[4]一二：当作“一一”。

[5]画分万国：即划分出许多国家。画，通“划”。

[6]正长：政长。

[7]而：与。

[8]傍：通“旁”，广泛、普遍。荐：推荐。

[9]句意为：事情的是非都要上同于其长，而不在下面与坏人结党，这是天子所赞赏和百姓所称誉的。比，勾结、结党。

[10]意若：假如。

[11]上以此为赏罚，甚明察以审信：在上位的人如果能根据这些方面进行赏罚，那就是非常明察的，而且也是审慎可信的。审信，审慎而可信。

[12]里：为古代居民聚居的区域单位。或曰二十五家为一里，或曰五十家为一里。长：里之长，叫作“里长”。

[13]乡：在古代是比里高一级的区域单位，以一万二千五百家为一乡，每乡设乡长。

[14]去：去掉。若：你、你的。

[15]壹同：统一。

[16]飘风：暴风。苦雨：久雨。

[17]溱溱(zhēn)：频频、盛多。

【品读】

墨子是一位十分现实的人，所以他所说的话从来就没有什么高深难解之处。就一个社会群体来说，意见纷乱的原因应当是群龙无首，没有统一的号令，没有统一管理，所以他说“天下之所以乱者，生于无政长”。在中国古人的思想里，天下一家，天下是一个大家庭，是一个大群体，一切都是在这样的基础上来说的。

这么一个大的群体，必须有其长，这叫作“政长”。最大的政长，是天子。所以，要选天下之贤能而可以当政的人，立为天子。天子个人的力量不够，又另立三公。继而统一划分天下，分成众多的国家，并为这些国家设立国君。国君之下，再立政长。这是出于事务之繁而层层统管的需要。这种思想没有什么特别之处，是很自然的，也是很现实的。

在墨子的论述中，他强调了上对下的绝对权威，尤其是天子对臣下的绝对权威。就最下之里来说，里长既已确立，天子就发政于天下百姓：无论听到善还是不善的，都要告知其上，即告诉其里长，是与非都要由其上来决定。如果上有过就规谏，下有善就加以推荐。要完全齐同于上，在下位者不得以一己之是而结党。

这也是比较现实的做法。但是，这样做是有弊病的。在上位者如果自身不正，这将如何办？墨子给出的解决方案是，里之政长必须是里之仁人，乡之政长必须是乡之仁人，国君必须是国之仁人。最后，最关键的就是天子了。天子的最终依据是天，所以，要“上同于天”。

在《尚书·洪范》中早已有此表述：“建用皇极。”一定要建立天子的最高标准。“人无有比德，惟王作极。”臣下不能有结党之事，只有天子才是标准。所以，“会其有极，归其有极”，“天子作民父母，以为天下王”。这里就是说要以天子来建立最高的标准。而天子必须遵用五行，善用天道。人君的首要之道就是绝对服从天道，这样才能给天下之人立一个无可非议、无可争辩的标准。墨子正是吸收了这种思想，所以，他所说的上同，最终就是要“上同于天”。

一切“上同于天”，这样才能真正避免人与人之间没有依据的、各为己利的纷争。

我们可以想到，庄子也曾经提出要“齐物论”。所谓“物论”，就是指众口之辩论。按照庄子的意思，大家同归于大道，消除一己之见，则众论自然也就泯绝了。以庄子和墨子相较而论，墨子所说的比较现实，容易实现。而庄子所说的，必须是具有很高的修行境界的人才能实现。

尚　同（中）（节选）

1　夫既尚同乎天子，而未上同乎天者，则天灾将犹未止也。故当若天降寒热不节[1]，雪霜雨露不时，五谷不孰[2]，六畜不遂[3]，疾灾戾疫、飘风苦雨[4]，荐臻而至者[5]，此天之降罚也，将以罚下人之不尚同乎天者也。

故古者圣王，明天鬼之所欲，而避天鬼之所憎，以求兴天下之利，除天下之害。是以率天下之万民，斋戒沐浴，洁为酒醴粢盛，以祭祀天鬼。其事鬼神也，酒醴粢盛不敢不蠲[6]洁，牺牲不敢不腯[7]肥，圭璧币帛不敢不中度量，春秋祭祀不敢失时几[8]，听狱不敢不中[9]，分财不敢不均，居处不敢怠慢。曰：其为正长若此，是故上者天鬼有厚乎其为政长[10]也，下者万民有便利乎其为政长[11]也。天鬼之所深厚而能强从事焉，则天鬼之福可得也。万民之所便利而能强从事焉，则万民之亲可得也。其为政若此，是以谋事得，举事成，入守固，出诛胜者，何故之以也？曰：“唯以尚同为政者也。”故古者圣王之为政若此。

【注释】

[1]当若：如果。不节：不按时节。

[2]孰：通“熟”。

[3]六畜：指马、牛、羊、鸡、狗、猪。不遂：不能生长。遂，生长。

[4]戾疫：瘟疫。戾，通“疠”。飘风：暴风。苦雨：久雨。

[5]荐臻（zhēn）：即“臻臻”，盛多，这里指频频而至。

[6]蠲（juān）：通“涓”，清洁。

[7]腯（tú）：肥壮。

[8]时几：即时期、时节。

[9]听狱：审理案件。不中：不合乎情理。

[10]有厚乎其为政长：指从政长那里得到了深深的尊敬与礼遇。政长，即正长。

[11]有便利乎其为政长：从政长那里得到了实实在在的方便与利益。

【品读】

“尚同”，其最终的“同”是要“上同于天”。这是天子所应当建立起来的最高准则，也是一切政令的最终依据。前文我们说过，只有一切“上同于天”，才能真正避免人与人之间没有依据的、各为己利的纷争。墨子在《尚同》（下）也说过，这样使“治天下之国若治一家，使天下之民若使一夫”，如果真能实现这样的“尚同”，那才是真正的天下大治。

墨子的这一思想可能是现代社会提倡多样化与个性化的人所不能认同的。也就是说，我们依然是各自以为是，而非人之义，处于一个“交相非”的状态，在这种情况下，我们没有办法理解圣人的境界。

所有的人都会有自己的思想主张，这些思想主张都基于自身的所知所见，若细心审查，这些所知所见未必真实，而人们却因“身在此山中”，不能做出正确的判断，往往都认为自己是对的。这样一来，问题就多了。但是，如果最终“上同于天”，天又有什么标准呢？人们对于天的标准的认识也还是“人异义”的，也还是各不相同的，这怎么办呢？下面，我们看看墨子的说法。

墨子认为，“降寒热不节，雪霜雨露不时，五谷不孰，六畜不遂，疾灾戾疫、飘风苦雨，荐臻而至者”，是不能“上同于天”的结果。他说：“此天之降罚也，将以罚下人之不尚同乎天者也。”这一段话有点令人不能理解。如果用今天的话来说就容易理解了，其实这是不能遵守自然规律的结果，也就是不能遵守天之道的结果。更进一步来说，天道是爱养万物的，而人们却是自利的。所以，墨子观察天道而明白兼爱，能兼爱而体天道，确乎是古人天人合一思想的体现。

在墨子看来，人在进退失据、坐立不安的情况下，其唯一的选择就是与天同道同行。所以，墨子说：“故古者圣王，明天鬼之所欲，而避天鬼之所憎，以求兴天下之利，除天下之害。”我们看墨子所描写的这种情形：“斋戒沐浴，洁为酒醴粢盛，以祭祀天鬼。其事鬼神也，酒醴粢盛不敢不蠲洁，牺牲不敢不腯肥，圭璧币帛不敢不中度量，春秋祭祀不敢失时几，听狱不敢不中，分财不敢不均，居处不敢怠慢。”切切不可轻看这一段文字。“尊天”的“尊”字，有内心尊与敬的意思，一个人的内心有尊有敬，才真正能遵天之道。如果心不在焉，不尊不敬，则一切皆假，一切皆空。其实真正懂得尊天，也就懂得尊人，人与人之间若能相互尊重，而不以己为是，则必然是“同”的、不分别的。这里墨子特别提到：“听狱不敢不中，分财不敢不均，居处不敢怠慢。”这是尊天而为，是尊天而人与人相尊重。

墨子所讲的道理，启发我们重新认识一下古人所不能离开的天道了。

2　今天下之人曰：“方今之时，天下之正长犹未废乎天下[1]也，而天下之所以乱者，何故之以也？”子墨子曰：方今之时之以正长，则本与古者异矣，譬之若有苗之以五刑然。昔者圣王制为五刑，以治天下，逮至有苗之制五刑，以乱天下。[2]则此岂刑不善哉？用刑则不善也。是以先王之书《吕刑》之道曰："苗民否用练[3]，折则刑[4]，唯作五杀之刑，曰法。"则此言善用刑者以治民，不善用刑者以为五杀，则此岂刑不善哉？用刑则不善。故遂以为五杀。是以先王之书《术令》之道曰："唯口出好兴戎。"[5]则此言善用口者出好，不善用口者以为谗贼寇戎。[6]则此岂口不善哉？用口则不善也，故遂以为谗贼寇戎。

故古者之置正长也，将以治民也，譬之若丝缕之有纪，而罔罟之有纲也，将以运役天下淫暴[7]，而一同其义[8]也。是以先王之书《相年》之道曰："夫建国设都，乃作后王君公，否用泰也[9]；轻大夫师长，否用佚也[10]，维辩使治天均[11]。"则此语古者上帝鬼神之建设国都，立正长也，非高其爵，厚其禄，富贵游佚而错之也[12]，将以为万民兴利除害，富贵贫寡[13]，安危治乱也。故古者圣王之为若此。

今王公大人之为刑政则反此。政以为便嬖，宗于父兄故旧，以为左右，置以为正长。[14]民知上置正长之非以治民也，是以皆比周隐匿[15]，而莫肯尚同其上。是故上下不同义。若苟上下不同义，赏誉不足以劝善，而刑罚不足以沮暴。

何以知其然也？曰：上唯毋[16]立而为政乎国家，为民正长，曰："人可赏，吾将赏之。"若苟上下不同义，上之所赏，则众之所非。[17]曰人众与处，于众得非，则是虽使得上之赏，未足以劝乎！[18]上唯毋立而为政乎国家，为民正长，曰："人可罚，吾将罚之。"若苟上下不同义，上之所罚，则众之所誉。曰人众与处，于众得誉，则是虽使得上之罚，未足以沮乎！[19]

若立而为政乎国家，为民正长，赏誉不足以劝善，而刑罚不足以沮暴，则是不与乡吾本言民"始生未有正长之时"同乎！若有正长与无正长之时同，则此非所以治民一众之道。

故古者圣王唯而审以尚同[20]，以为正长，是故上下情请为通[21]。上有隐事遗利，下得而利之；[22]下有蓄怨积害，上得而除之。[23]是以数千万里之外，有为善者，其室人未遍知，乡里未遍闻，天子得而赏之。数千万里之外，有为不善者，其室人未遍知，乡里未遍闻，天子得而罚之。是以举天下之人皆恐惧振动惕栗，不敢为淫暴，曰："天子之视听也神。"先王之言曰："非神也，夫唯能使人之耳目助己视听，使人之吻助己言谈，使人之心助己思虑，使人之股肱助己动作。"助之视听者众，则其所闻见者远矣；助之言谈者众，则其德音之所抚循者博矣；助之思虑者众，则其谈谋度速得矣；助之动作者众，即其举事速成矣。

故古者圣人之所以济事成功，垂名于后世者，无他故异物焉，曰唯能以尚同为政者也。[24]是以先王之书《周颂》之道之曰："载来见彼王，聿求厥章。"[25]则此语古者国君诸侯之以春秋来朝聘天子之廷，受天子之严教，退而治国，政之所加，莫敢不宾。当此之时，本无有敢纷[26]天子之教者。诗曰："我马维骆，六辔沃若，载驰载驱，周爰咨度。"又曰："我马维骐，六辔若丝，载驰载驱，周爰咨谋。"[27]即此语也。古者国君诸侯之闻见善与不善也，皆驰驱以告天子，是以赏当贤，罚当暴，不杀不辜，不失有罪，则此尚同之功也。

是故子墨子曰："今天下之王公大人士君子，请[28]将欲富其国家，众其人民，治其刑政，定其社稷，当若尚同之不可不察，此之本也。"

【注释】

[1]天下之正长犹未废乎天下：天下的正长尚未被废弃，指现在天下还有正长在。

[2]这一段话涉及的五刑典故是指，在尧、舜、禹时设了五刑，但都不用，对犯五刑的人一般都采用流放的刑罚。而到了苗时，他们却滥用五刑。有苗，古国名，在《尚书》中也称为"三苗"，尧、舜、禹时是我国南方较强大的部族，传说到了舜时被迁到三危。有，词头，无实在意义。五刑，指墨、劓、刵、宫、大辟。

[3]否用练：即不听从命令。否，不。练，与"命"为声转假借。

[4]折则刑：是指改变原来沿用的用刑的准则。折，反转，改变方向。

[5]《术令》：根据清代学者孙诒让的说法，即《说命》，是《尚书》里的一篇。唯口出好兴戎：人之口既能产生好事，也能兴起战争。

[6]谗：说坏话。贼：残害。寇：盗窃。戎：战争。

[7]"运役"二字在此句中讲不通，可能是《墨子》的文本在流传过程中发生错误。按文脉，此处文字可以有"遏制""消除""避免"之类的意思。纪、纲，丝的头绪、网罟的纲绳。

[8]一同其义：把各种各样不当的意见、思想都统归一处。

[9]句意为：设立天子、诸侯，不是因此而骄奢淫逸。后，君主、帝王。泰，骄恣。

[10]句意为：设立卿大夫、师长，不是因此而放纵逸乐。轻，应当作"卿"。

[11]句意为：分授职责，以天然公平之理来理治天下。辩使，分授职责。辩，同"辨"，分。天均，天然公平之理。

[12]游佚：游荡。错：通"措"，设立、设置。

[13]富贵贫寡：此句传写错误，应当写作"富贫众寡"，意思是使贫者富，使民少者众。

[14]这句话从"政以为"至"置以为正长"，错乱严重，现参考各家校勘，调整为："其政，便嬖以为左右，宗族、父兄、故旧置以为正长。"大意为，其政事，以宠幸的弄臣为辅助大臣，将其宗族同姓、父兄、世交故旧设立为正长。

[15]比周：结党营私。隐匿：隐藏，这里是指不说真话。

[16]唯毋：语气助词，没有实在意义。

[17]句意为：如果上下看法不一致，那么，上面所欣赏的人，却是众人所非议的人。

[18]句意为：一个人与大家共处，而受到大家的非议，那么这个人虽然得到了上面的称赏，但却不能起劝勉作用。

[19]句意为：一个人与大家共处，而从大家那里得到了赞誉，那么虽然他从上面得到的是处罚，但却不能阻止不善。

[20]句意为：古时候的圣王能够明白尚同。审，清楚、明白。

[21]上下情请为通：上下之情因此得到通利。请，通"情"。

[22]上有隐事遗利，下得而利之：上面有隐而未被得到的利益，下面的人能够提出来，使这些利益得到利用。

[23]下有蓄怨积害，上得而除之：下面有积累较多的怨害，上面能够知道而消除掉。

[24]句意为：古代的圣人之所以能济事成功，垂名于后世，没有其他别的原因和特别的事情，只是因为能以尚同为政。

[25]此处文中引《周颂》之语，是现在所传的《诗经》中的《周颂·载见》诗句："载见彼王，聿求厥章。"意思是，来朝拜天子，是要得到天子的明示。

[26]纷：扰乱。

[27]骆：即骆马，白马黑鬣。骐：有青黑斑纹的马。这里引用《诗经》中的两章，意思是说，骑上最好的马，配上最好的马辔等，又驰又驱，咨谋天子。

[28]请：通"情"，诚、确实。

【品读】

墨子认为，一个国家要实现"尚同"，其途径当然是设立正长。但是，古代有正长，现在也有正长，古今之正长并不相同。"古者之置正长也，将以治民也，譬之若丝缕之有纪，而罔罟之有纲也。"有了正长这个纲纪，才能"一同其义"也；有了他们，上下之情才能通利。而现在的正长，已经不能如此了。今日立正长也，高其爵，厚其禄，"其政，便嬖以为左右，宗族、父兄、故旧置以为正长"。他们结党营私，隐匿真话，打压善良，致使上下不通。上对下不能劝善阻恶，有正长与没有正长一样，依然是人各有义，不能一同。

正长要"辩使治天均"，也就是要分授职责，以天然公平之理来治理天下。所以，这里我们依然能想到墨子所提到的"尚贤"。得其人，得其政。古代圣王明白什么是"尚同"，所以，才能立为正长，而上下情通。故曰："天子之视听也神。"而先王之言曰："非神也，夫唯能使人之耳目助己视听，使人之吻助己言谈，使人之心助己思虑，使人之股肱助己动作。"从真实的意义上来说，没有什么神不神的，只是得正长之助而已。所以，后人对正长之作用确不可没有认识。

墨子虽然是在讲“尚同”，但从中我们也能体会到他所说的尚贤的道理。

另外，墨子讲“尚同”，其一是上同于天鬼，但他并没有对天鬼展开讨论，不能不说略有不足。好在他又专门有《天志》与《明鬼》论述，我们可以进一步去阅读这两种文献。

兼　爱(上)

圣人以治天下为事者也,必知乱之所自起,焉[1]能治之,不知乱之所自起,则不能治。譬之如医之攻人之疾者然,必知疾之所自起,焉能攻之;不知疾之所自起,则弗能攻。治乱者何独不然,必知乱之所自起,焉能治之;不知乱之所自起,则弗能治。圣人以治天下为事者也,不可不察乱之所自起。

当[2]察乱何自起?起不相爱。

臣子之不孝君父,所谓乱也。子自爱不爱父,故亏父而自利;弟自爱不爱兄,故亏兄而自利;臣自爱不爱君,故亏君而自利,此所谓乱也。

虽[3]父之不慈子,兄之不慈弟,君之不慈臣,此亦天下之所谓乱也。父自爱也不爱子,故亏子而自利;兄自爱也不爱弟,故亏弟而自利;君自爱也不爱臣,故亏臣而自利。是何也?皆起不相爱。

虽至天下之为盗贼者亦然,盗爱其室不爱其异室,故窃异室以利其室;贼爱其身不爱人,故贼[4]人以利其身。此何也?皆起不相爱。

虽至大夫之相乱家[5],诸侯之相攻国者亦然。大夫各爱其家,不爱异家,故乱异家以利其家;诸侯各爱其国,不爱异国,故攻异国以利其国,天下之乱物[6]具此而已矣。察此何自起?皆起不相爱。

若使天下兼相爱,爱人若爱其身,犹有不孝者乎?视父兄与君若其身,恶施[7]不孝?犹有不慈者乎?视弟子与臣若其身,恶施不慈?故不孝不慈亡有。

犹有盗贼乎?故视人之室若其室,谁窃?视人身若其身,谁贼?故盗贼亡有。

犹有大夫之相乱家,诸侯之相攻国者乎?视人家若其家,谁乱?视人国若其国,谁攻?故大夫之相乱家、诸侯之相攻国者亡有。

若使天下兼相爱,国与国不相攻,家与家不相乱,盗贼无有,君臣父子皆能孝慈,若此则天下治。故圣人以治天下为事者,恶得不禁恶而劝[8]爱?

故天下兼相爱则治,交相恶则乱。故子墨子曰:“不可以不劝爱人者,此也。”

【注释】

[1]焉:乃、才。本文以下“焉”字都是此意。

[2]当：通“尝”，尝试。

[3]虽：通“唯”，语首助词，没有实在意义。

[4]贼：杀戮、杀害。

[5]家：卿大夫的采地食邑。

[6]乱物：乱事。

[7]施：行。

[8]劝：鼓励、劝导。

【品读】

这是《墨子》中最伟大的一篇文章。在这篇文章里面，墨子提出了一个最伟大的思想，即兼爱。此后，墨子还有两篇《兼爱》，都是在这一篇文章基础上的进一步推衍。但若论思想表达之简洁明晰、行文之舒畅流利，当以此篇为最。

墨子总是以圣王、圣人为辞来表达自己的思想。在他眼里，这些人是他的榜样，也是世人的榜样。圣人的智慧，圣人的胸怀，圣人为世人所做的一切，墨子都能体会得到，因为，墨子的境界与圣人的境界是一样的，墨子的心与圣人的心是相通的。我们读《墨子》的时候，在这个细节上，不应当疏忽过去。也就是说，这是我们一般人所应当学习的一个大关节点。孟子曾经说：“君子所以异于人者，以其存心也。”①对此孟子是深有体会的，因而他才能如此点拨世人。公都子曾经问孟子：“钧是人也，或为大人，或为小人，何也？”孟子曰：“从其大体为大人，从其小体为小人。”②这是在讲一个人应当如何存心。墨子上达圣人之心，其原因在此，并没有什么高明之处。这对我们都是大有裨益的一些教导。

墨子说：“圣人以治天下为事者也。”这是对圣人的一个定位。圣人只做一件事，就是治天下。如同医生治病一样，圣人是治天下之病的，圣人是天下最大的医生。墨子时代，天下之病如何？——乱也。世上再也没有什么病比乱这个病更严重的了。

圣人治病，当察乱之所自起。倘若我们察一察乱起自何处，墨子会告诉我们：“起不相爱。”这就是墨子的回答，是一个最圆满的回答！不相爱，就是乱的病根。

墨子为我们讲了许多的乱。如：臣与子不孝君、父，这是乱；“父之不慈

---

① 《孟子·离娄下》。

② 《孟子·告子上》。

子，兄之不慈弟，君之不慈臣”，这是乱；盗异室，贼害他人，这是乱；“大夫之相乱家，诸侯之相攻国”，这也是乱。这一切的乱，都是因为不能相爱。墨子讲得明明白白。他并不说是因为没有刑罚，也不说是因为没有措施，因为这些都不是根本。最根本之处，在于人之心，在于人心中没有了爱。

我们可以看到，圣人讲话，如老、庄、孔、孟以及墨子等等，总离不开根本，即人之心。他们总是求之于内，而不是责之于外。这就是智慧。他们就是要教导世人，当于此处用心，也就是在心上用心，而不是在心之外用心。

当心中没有了爱，社会所呈现出来的当然就是父不父、子不子、君不君、臣不臣，等等。我们知道，从西周开始，中华民族所建立起来的是伦理道德的社会，也就是礼的社会。因为古代圣人已经体会到了，人之心是纯净纯善的，在父与子的关系上表现出来的是慈爱与孝敬，这是自然而然的事情。在其他关系上也是如此。王阳明先生讲过：“以此纯乎天理之心，发之事父便是孝，发之事君便是忠，发之交友治民便是信与仁。”[①]古圣人是因人之情而立人之伦，一切都顺乎自然。但是，到春秋时却出现了大的混乱，即礼坏乐崩。为何会礼坏乐崩？原因当然是纯净纯善的心性有所泯灭，人之为人的根本出了问题。墨子非常直接地表述为“起不相爱”。

如果能“兼相爱”，“爱人若爱其身，犹有不孝者乎”？“视父兄与君若其身，恶施不孝”？“视弟子与臣若其身，恶施不慈”？

墨子所讲，极为简明，极合事理。“天下之乱物具此而已矣。”“察此何自起？皆起不相爱。”所以，若要治天下之病，其事也极为明了，就是劝喻世人“兼爱”。爱是解决一切问题的根本，心中有爱，一切就都圆满了。

---

① （明）王守仁撰，萧无陂校释：《传习录校释》，岳麓书社2012年版，第4页。

兼　爱(中)

1　子墨子言曰:“仁人之所以为事者,必兴天下之利,除去[1]天下之害,以此为事者也。”然则天下之利何也?天下之害何也?子墨子言曰:“今若国之与国之相攻,家之与家之相篡[2],人之与人之相贼,君臣不惠忠[3],父子不慈孝,兄弟不和调,此则天下之害也。”然则崇[4]此害亦何用生哉?以不相爱生邪?子墨子言:“以不相爱生。”今诸侯独知爱其国,不爱人之国,是以不惮[5]举其国以攻人之国。今家主[6]独知爱其家,而不爱人之家,是以不惮举其家以篡人之家。今人独知爱其身,不爱人之身,是以不惮举其身以贼人之身。是故诸侯不相爱则必野战。家主不相爱则必相篡,人与人不相爱则必相贼,君臣不相爱则不惠忠,父子不相爱则不慈孝,兄弟不相爱则不和调。

“天下之人皆不相爱,强必执[7]弱,富必侮贫,贵必敖贱,诈必欺愚。凡天下祸篡怨恨,其所以起者,以不相爱生也,是以仁者非之。”

既以[8]非之,何以易之[9]?子墨子言曰:“以兼相爱、交相利之法易之。”然则兼相爱交相利之法将奈何哉?

子墨子言:“视人之国若视其国,视人之家若视其家,视人之身若视其身。是故诸侯相爱则不野战,家主相爱则不相篡,人与人相爱则不相贼,君臣相爱则惠忠,父子相爱则慈孝,兄弟相爱则和调。天下之人皆相爱,强不执弱,众不劫寡,富不侮贫,贵不敖贱,诈不欺愚。凡天下祸篡怨恨可使毋起者,以相爱生也,是以仁者誉之。”

【注释】

[1]去:似乎是衍文,当删去。

[2]家:古时卿大夫的封邑。篡:夺取。

[3]君臣不惠忠:指君不施惠于臣,臣不效忠于君。

[4]崇:应为“祟”,同“察”。

[5]不惮:不怕。

[6]家主:指有封邑的卿大夫。

[7]执:控制、驾驭。

[8]以:通“已”。

[9]句意为：用什么办法去改变不相爱的情况呢？易，改变。

【品读】

墨子讲兼爱，是痛心于当时天下之争斗。他到处宣讲，奔赴相救。故曰：仁人在世，当为天下兴利除害。其人有兼爱之心，其行则有兼爱之举，所以，他所说的都是真实不虚的。兴利除害，何利何害？在这里，墨子只讲其害，其势不得不如此，害除而利自然就会兴起。

墨子讲到的害，不是别的，而是天下不能和谐相处。国与国相攻，卿大夫之间家与家相篡夺，社会上人与人相贼害，君臣不知惠忠，父子不能慈孝，兄弟不能和调，这就是天下之害。这是典型的中国人的思维方式，谈问题都是在和谐生存这个根本上。

我们现在也认识到，物质不能使人进步，只有美德才能使人进步。只有彼此和谐才能发挥物质的正常作用。墨子在这里正是从这个角度来谈问题的。大概一些人对墨子的思想已有所耳闻，也有所怀疑，所以他在行文中有一个设问："然则崇此害亦何用生哉？以不相爱生邪？"细察此害是因何而生的，难道是因为（你所说的）不相爱吗？说此话的人言下之意是，这是出于别的原因，如经济利益不充备，而不是不相爱。而墨子则予以肯定的回答：当然是因为不相爱而生的了。

诸侯只知爱自己的国家，而不爱别人的国家；卿大夫只知爱自己的家，而不知爱别人的家；人只知爱自己，而不知爱别人。所以，他们就会不厌其烦地去侵害别人、侵害别国。如此一来，诸侯不相爱则必野战，家主不相爱则必相篡，人与人不相爱则必相贼，君臣不相爱则不惠忠，父子不相爱则不慈孝，兄弟不相爱则不和谐。一切都在于不相爱，在于不能爱别人。墨子一再强调"天下之人皆不相爱，强必执弱，富必侮贫，贵必敖贱，诈必欺愚。凡天下祸篡怨恨，其所以起者"，都是因为其不相爱而生也。

世上一切问题的根源在于人的内心，这是起点。心中若没有了爱，则一切的行为都变得不可琢磨。所以，墨子说，天下之祸篡怨恨，它们所产生的根源，是不相爱，是心中没有爱。墨子抓住了问题的根本。

既然不相爱是不对的，那么如何改变这种状况呢？很简单："以兼相爱、交相利之法易之。"从来就是如此，在圣人的大智慧那里，一切都变得简单了。因为大智慧就是简单，从来都是拨开纷扰的枝节，回到根本上谈问题。

所以，只要有了爱人之心，那么，"视人之国若视其国，视人之家若视其家，视人之身若视其身。是故诸侯相爱则不野战，家主相爱则不相篡，人与人相爱则不相贼，君臣相爱则惠忠，父子相爱则慈孝，兄弟相爱则和调"。"天下之人皆相爱，强不执弱，众不劫寡，富不侮贫，贵不敖贱，诈不欺愚。凡天下祸篡怨恨可使毋起者，以相爱生也，是以仁者誉之。”

在这里，墨子正式提出“兼相爱，交相利”，这是一个伟大的命题，简而言之就是兼爱。兼爱，很难准确翻译，但意思很明白。兼就是视天下为一体，没有你我之别。所以，墨子“以兼易别”(《兼爱下》)。那么，兼爱就是爱所有的人，天下之人皆相爱。用孔子的话来说，也就是“泛爱众”。当我们能这样爱别人时，别人也能这样爱我们，这叫“交相利”。换用今天的话就是：“我爱人人，人人爱我。”而墨子的表达是非常简单的，只有两个字：“兼爱。”爱所有的人，所有的人都爱我，那么，这个“兼相”与“交相”的意味就能体会出来了。

问题是，身处战国乱世，大家都抱着个人的私利不放，都那么自私，能听得进去吗？又有谁愿意这样做呢？这就是不明事理，不知道人类的福祉是从哪里来的。

2　然而今天下之士君子曰：“然，乃若[1]兼则善矣，虽然，天下之难物于故也[2]。”子墨子言曰：“天下之士君子，特不识其利，辩其故也。[3]今若夫攻城野战，杀身为名[4]，此天下百姓之所皆难也，苟君说[5]之，则士众能为之。况于兼相爱，交相利，则与此异。夫爱人者，人必从而爱之；利人者，人必从而利之；恶人者，人必从而恶之；害人者，人必从而害之。此何难之有！特上弗以为政，士不以为行故也。[6]

昔者晋文公好士之恶衣[7]，故文公之臣皆牂羊之裘[8]，韦以带剑[9]，练帛之冠[10]，入以见于君，出以践于朝。是其故何也？君说之，故臣为之也。

昔者楚灵王好士细要[11]，故灵王之臣皆以一饭为节[12]，胁息然后带[13]，扶墙然后起。比期年，朝有黧黑之色。[14]是其故何也？君说之，故臣能之也。

昔越王句践好士之勇，教驯[15]其臣，和合之[16]，焚舟失火[17]，试其士曰：‘越国之宝尽在此！’越王亲自鼓其士而进之。士闻鼓音，破碎乱行[18]，蹈火而死者左右百人有余。越王击金而退之。”

是故子墨子言曰：“乃若夫少食恶衣，杀身而为名，此天下百姓之所皆难也，若苟君说之，则众能为之。况兼相爱，交相利，与此异矣。夫爱人者，人亦从而爱之；利人者，人亦从而利之；恶人者，人亦从而恶之；害人者，人亦从而害之。此何难之有焉，特上不以为政而士不以为行故也。”

【注释】

[1]乃若：发语词，没有实在意义。

[2]天下之难物于故也：兼爱是天下难办而又迂阔的事情。难物，难事。于故，当作“迂故”，即迂阔之事。

[3]识其利：理解其事理。利，当作“物”。辩其故：分辨这种事理。

[4]杀身为名：为了成名而牺牲自身。

[5]说(yuè)：通“悦”。

[6]特上弗以为政，士不以为行故也：只不过是君上不把兼爱当作政事来办，而士不把兼爱贯穿到行动中去的缘故。

[7]恶衣：破旧、不好的衣服。

[8]牂(zāng)羊之裘：用母羊皮做的皮衣。

[9]韦以带剑：即“以韦带剑”，用牛皮带佩挂剑。韦，熟牛皮。带，佩挂。

[10]练帛之冠：指用熟绢做的帽子。练帛，熟绢。

[11]楚灵王：春秋时期楚国国君。细要：即细腰。

[12]一饭为节：每天只吃一顿饭，以此为节制。

[13]胁息然后带：人吸气时小腹收缩，腰变细，然后扎束腰带。胁息，屏气、吸气。

[14]比期年，朝有黧(lí)黑之色：等到一年以后，朝堂之上有的大臣瘦削而面目黧黑。黧黑，黑瘦的样子。

[15]驯：通“训”。

[16]和合之：把他们集合起来。

[17]焚舟失火：放火烧船。

[18]破碎乱行(háng)：即破阵乱行。碎，应当为“阵”。

【品读】

这里，墨子解答众人的第一个疑惑。有人说，你所讲的兼爱听起来确实是很美的，但是，那是很难实现的，而且又是那么的迂阔，这怎么能行呢？墨子则直指要害：那是大家不明事理啊，即“天下之士君子，特不识其利，辩其故也”。

有一个很明显的事实就是，攻城野战而杀身成名，这是天下百姓都很为难的事，谁都不愿意做，但是，如果君主想这么做，那么士众就能做，那是因为他不得不做。

但是，与此相比，“兼相爱，交相利”的情形却是大不相同的。因为“夫爱人者，人必从而爱之；利人者，人必从而利之；恶人者，人必从而恶之；害人者，人必从而害之”。人人都希望得到爱，人人都希望得到别人的帮助，只要你愿意付出，就会得到大家的喜爱与敬重。这是一件美好的事情，不必出于被迫就可以很好地实现，所以，“此何难之有”！只是在上者不以此为政，而士也不以此为行罢了。也就是墨子所说的：“特上弗以为政，士不以为行故也。”

真正好的东西，尽管要得到它是如此的简单，但是，想要让人们都能认识到这一点，却是难之又难。智者之言，在一般人那里，要么就是被认为实现不了，要么就是被认为太过迂腐。老子曾经说过：“吾言甚易知，甚易行。

天下莫能知，莫能行。”①从此，历史上就有“知难行易”的说法。一件事情真正难的地方并不在于如何去做，而在于难以明白其中的道理。人们一旦明白其中的道理，做起来就容易得多了。

在这里，墨子强调在上者如果不提倡，那么在下者必然不为。墨子连举三例：晋文公喜欢他的臣子们穿不好的衣服，那么大家都能做到；而楚灵王好细腰，那么其臣子争相节食；越王句践喜欢勇士，那么士兵不惜生命表现其勇。这是“君说之，故臣为之也”。人们只要认为一件事是不得不做的，是必要的，那么就一定能做到。这里说的还是那些令人为难的事情，这些事情尚且如此，何况兼爱呢？兼爱可是爱利大家的，是人人所最需要的。但大家却没有把兼爱当成什么重要的事，故“上弗以为政，士不以为行”也。人类的悲剧大概正在此。

3　然而今天下之士君子曰：“然，乃若兼则善矣。虽然，不可行之物也，譬若挈太山越河济[1]也。”子墨子言：“是非其譬[2]也。夫挈太山而越河济，可谓毕劫[3]有力矣，自古及今未有能行之者也。况乎兼相爱，交相利，则与此异。[4]古者圣王行之。何以知其然？古者禹治天下，西为西河渔窦[5]，以泄渠、孙、皇[6]之水；北为防、原、派[7]，注后之邸、嘑池之窦[8]；洒为底柱，凿为龙门[9]，以利燕、代、胡、貉[10]与西河之民；东方漏大陆，防孟诸之泽[11]，洒为九浍[12]，以楗[13]东土之水，以利冀州[14]之民；南为江、汉、淮、汝[15]，东流之，注五湖[16]之处，以利荆楚、干越与南夷[17]之民。此言禹之事，吾今行兼矣。[18]昔者文王之治西土[19]，若日若月，乍光于四方于西土[20]，不为大国侮小国，不为众庶侮鳏寡，不为暴势夺穑人黍、稷、狗、彘[21]。天屑临文王慈[22]，是以老而无子者，有所得终其寿；连独[23]无兄弟者，有所杂[24]于生人之间；少失其父母者，有所放依而长[25]。此文王之事，则吾今行兼矣。昔者武王将事泰山[26]，隧传[27]曰：‘泰山有道[28]，曾孙周王有事[29]，大事既获[30]，仁人尚作[31]，以祗商夏、蛮夷丑貉[32]。虽有周亲，不若仁人。万方有罪，维予一人。[33]此言武王之事，吾今行兼矣。”

是故子墨子言曰：“今天下之君子，忠[34]实欲天下之富，而恶其贫；欲天下之治，而恶其乱，当兼相爱，交相利，此圣王之法，天下之治道也，不可不务[35]为也。”

① 《老子》第七十章。

【注释】

[1]挈(qiè):提起、举起。太山:即泰山。河济:黄河与济河。

[2]非其譬:这不是一个恰当的比喻。

[3]毕劫:有力的样子。劫,为"劼"之误,用力。

[4]句意为:况且兼相爱、交相利却与此不同。意思是,一者是不可行的,一者是可行的。

[5]为:治理。西河:古称黄河南北流向的部分为西河。渔窦:指古代的河,其位置尚不能确定,大概在今山西省西部。

[6]泄:排泄。渠、孙、皇:古水名,都在西河流域之内。

[7]防、原、泒(gū):皆古水名,其位置尚不能考定。

[8]注:注入。后之邸(dǐ):古地名,不详其地。嘑(hū)池:也叫"嘑沱",即滹沱河。窦:通"渎",川。

[9]洒为底柱:指黄河水在砥柱山被分流。洒,分流。底柱,山名,即砥柱山,在今河南省三门峡黄河急流中,今因整治河道,山已炸毁。凿为龙门:凿开龙门。龙门,即禹门口,在今山西省河津县西北和陕西省韩城市东北,黄河至此,两岸峭壁对峙,形如门阙,故名。

[10]燕、代:古代北方古国,燕在今河北省北部、辽宁省西部,代在今河北省蔚县东北。胡、貉(mò):古代北方的少数民族。

[11]漏:疏导、排泄。大陆:古地名,在今河北省巨鹿县。防:拦堵。孟诸之泽:即孟渚泽,在今河南省商丘市东北、虞城县西北。

[12]九浍(kuài):九条河水。

[13]楗(jiàn):管制、限制。

[14]冀州:古代九州之一,在黄河中下游,古代也指称中原地区。

[15]江、汉、淮、汝:指长江、汉水、淮河、汝水四大水系。

[16]五湖:泛指太湖流域的湖泊。

[17]荆楚:即楚国,初建国时在荆山。干越:即吴越。南夷:南方少数民族地区。

[18]此言禹之事,吾今行兼矣:这里说的是大禹的事迹,今天也要用他的精神来实行兼爱了。

[19]西土:指今陕西岐山一带,周民族定居于此,开拓发展。

[20]若日若月,乍(zhà)光于四方于西土:如同日月大放光芒照耀四方和西土。乍,大。

[21]穑人:种田之人。黍、稷:通称粮食。狗、彘:通称家畜。

[22]天屑临文王慈:上天顾视文王很仁慈。屑临,顾视。

[23]连:"矜(guān)"的假借字,通"瘝",病痛、疾苦。独:孤独、无依靠。

[24]杂:集、聚。

[25]有所放依而长:有所依靠而长大成人。放依,依傍。

[26]事泰山:指祭祀泰山。

[27]隧:"遂"字之误写,于是。传:陈述。

[28]泰山有道:祝辞,意即泰山之神有灵。

[29]曾孙:天子、诸侯祭祀时对神灵的谦称。有事:行此祭祀。

[30]大事既获:指武王伐商的战事已获得胜利。

[31]仁人:指姜太公等贤者。尚作:起而辅助。尚,辅助。作,起。

[32]祗(zhī):当读为"振",拯救。蛮夷、丑貉:泛指中原以外的民族。

[33]句意为:虽有至亲,但赶不上仁者。四方百姓倘有过错,由我一个人来承担。周亲,至亲。

[34]忠:通"中",内心。

[35]务:专力。

【品读】

墨子解答众人的第二个疑惑——兼爱之难。这是从另一个角度来分析上文所说的兼爱难以实现的。有人说,你所说的兼爱这个事情太难了,就好像是"挈太山越河济也"。这句话我们很熟悉,孟子曾经劝齐宣王行仁政,当时也用了类似的比喻,他说"挟太山以超北海",确实不能办到,但是,行仁政就像是为长老折树枝作拐杖那么简单,不是能不能的问题,而是为不为的问题。孟子说的是"老吾老以及人之老,幼吾幼以及人之幼",其意也与兼爱相同。

这里,墨子则认为"挈太山越河济"这个比喻不恰当,其与兼爱根本不能相提并论。因为确实并没有人有如此大的力量,能举起泰山,越过黄河与济河,这本身就是一个死结。但是,兼爱却是与此完全不同的,是完全可以实现的。

墨子举了三个事例:一个是禹治天下,一个是周文王治西土,一个是周武王统一天下。这三件事都是一般人认为难以做到的,但却都实现了。

禹平治水土,勘定九州而奠定天下,传为美谈,《尚书·禹贡》专门记载了这件事。读过《禹贡》的人,无不对禹生敬仰之心。《禹贡》所讲的奠定天下,这是我们今天都没有办法想象的大手笔,河山之美,土地之广,胸怀之大,于此有充分的体现,而这一切正是与禹联系在一起的。读读《禹贡》,就能体会出什么是兼爱了。

另一个圣人,是周文王。在西岐山,他接过了祖宗的大业,领导周族建设家园,逐渐兴旺起来。文王的身上真正发出了兼爱的光辉。延及武王,成就了美好的天下。

以上三事确实难做，但是它们是有益于天下的，而如果真正能把它们作为事业去做，每一件却都能实现，因为那是合乎人心的，是能得到天下人的拥护的。而以此来衡量兼爱，那就更简单了。

墨子三发其言："此言禹之事，吾今行兼矣。""此文王之事，则吾今行兼矣。""此言武王之事，吾今行兼矣。"意思是说，我们就是要行这样的兼爱。

试问：有此胸怀的能有几人？没有圣人之心，不出圣人之言。

最后墨子指出：今天下之君子，如果确实有心要使天下富强，而恶其贫；确实要想使天下大治，而恶其乱，就应当"兼相爱，交相利"。这是"圣王之法，天下之治道也，不可不务为也"。

非　攻（上）

今有一人，入人园圃[1]，窃其桃李，众闻则非[2]之，上为政者得则罚之。此何也？以亏人自利[3]也。至攘人犬豖鸡豚[4]者，其不义又甚[5]入人园圃窃桃李。是何故也？以亏人愈多，其不仁兹[6]甚，罪益厚[7]。至入人栏厩[8]，取人马牛者，其不仁义又甚攘人犬豖鸡豚。此何故也？以其亏人愈多。苟亏人愈多，其不仁兹甚，罪益厚。至杀不辜人[9]也，拕[10]其衣裘，取戈剑者，其不义又甚入人栏厩取人马牛。此何故也？以其亏人愈多。苟亏人愈多，其不仁兹甚矣，罪益厚。当此[11]，天下之君子皆知而非之，谓之不义。今至大为攻国，则弗知非，从而誉之，谓之义。此可谓知义与不义之别乎？

杀一人谓之不义，必有一死罪[12]矣。若以此说往[13]，杀十人，十重不义，必有十死罪矣；杀百人，百重不义，必有百死罪矣。当此，天下之君子皆知而非之，谓之不义。今至大为不义攻国，则弗知非，从而誉之，谓之义，情[14]不知其不义也，故书其言以遗后世[15]。若知其不义也，夫奚说书其不义以遗后世哉？[16]

今有人于此，少见黑曰黑，多见黑曰白，则以此人不知白黑之辩[17]矣；少尝苦曰苦，多尝苦曰甘，则必以此人为不知甘苦之辩矣。今小为非，则知而非之。大为非攻国，则不知非，从而誉之，谓之义。此可谓知义与不义之辩乎？是以知天下之君子也，辩义与不义之乱[18]也。

【注释】

[1]园圃：古时种树的叫园，种菜的叫圃，这里泛指种植果木菜蔬的园地。

[2]非：非议、责备。

[3]亏人自利：损害别人而为自己谋取利益。

[4]攘：盗窃、窃取。豖：猪。豚（tún）：小猪，亦泛指猪。

[5]甚：超过。

[6]仁：按上文应改为“义”。“兹”：通“滋”，更。

[7]厚：重。

[8]栏厩（jiù）：泛指牛马的圈棚。栏，养牛马的圈。厩，马房，泛指牲口棚。

[9]不辜人：指无罪之人。辜，罪、罪过。

[10]拖(tuō):曳引、拉,此指夺取、剥取。

[11]当此:对此。

[12]一死罪:一重死罪、一项死罪。

[13]若以此说往:如果按照这种说法类推。

[14]情:确实、真的。

[15]故书其言以遗后世:所以他还要把这些称赞攻人之国的言论写下来传留给后代。

[16]句意为:如果他知道攻人之国是不义的,那么他写下这些不义之行传给后代,又如何解释呢?

[17]白黑之辩:白、黑的区别。

[18]辩义与不义之乱:区别义与不义的标准是混乱的。

【品读】

春秋战国,战争频繁,很多士人游走于各诸侯国与各卿大夫之间,拨弄口舌,从中渔利。也有像墨子一样的伟人,心怀天下,播撒智慧,照亮人间。

此处论非攻,围绕一个中心而智巧设喻,层层论述,非常严密。关键是所见真切而立足严正,所以,能从常人不注意的现象中,揭示自相矛盾的混乱思想,丝丝入理,而究明大义。

偷盗有罪,这是常理。小偷小罪,大偷大罪,这也是常理。为何有罪?因其不义也,因其不仁也,因其亏人自利也。所做越多,所做越大,则其罪越重。这也是常理。

顺此就到了杀人之事上来了。人与人相杀,杀一人则一死罪,杀十人则十死罪,这也是显然可见的。但是,国之杀如何呢?一国攻杀另一国。这个时候,人们很少能做到顺着这一理路去思考问题,往往是盲目地非议。

这就得出一个结论:少见黑曰黑,多见黑反倒曰白;少尝苦曰苦,多尝苦反倒曰甘。这就是不知义之分辨了。小偷小罪,大偷大罪,定罪的标准十分明确;然而大到攻国,一国攻杀另一国,百姓死伤者不可胜数,这时,判断标准立刻就发生了混乱。

春秋战国时期,战乱纷仍,为什么?就是因为这个判断标准是混乱的。攻国不以为罪,反以为功,夸耀于人,并载之于书,传及后人,从上到下,都是如此。这是令人极为痛心的事情。孟子说过:“春秋无义战。”[①]所以,有人说孟子是真知春秋之人。在这里,墨子也是极为反对战争的。战争破坏了人们的正常生活,损害了人们的生命,使人们流离失所,更使人类文明倒退,而

① 《孟子·尽心下》。

更大的倒退是，战争颠倒了人们的价值观念。

仁爱观世，静心观世，我们就会明白，中国人为什么会爱好进步与和平。我们不仅有极为痛苦的经历与感受，更有历史智慧的积淀与继承。圣人的思想充满人性的光辉，一直在照耀着这片土地。我们所抒写的历史，有一条仁爱的主线。我们应该知道中国人爱好进步与和平的思想对于人类的伟大贡献和进步意义。

非 攻(中)

1 子墨子言曰:“古者[1]王公大人,为政于国家者,情欲毁誉之审[2],赏罚之当,刑政之不过失。故当攻战而不可为也。[3]”是故子墨子曰:“古者有语:‘谋而不得,则以往知来,以见知隐。[4]’谋若此,可得而知矣。”

今师徒唯毋[5]兴起,冬行恐寒,夏行恐暑,此不可以冬夏为者也。[6]春则废民耕稼树艺,秋则废民获敛。[7]今唯毋废一时,则百姓饥寒冻馁而死者,不可胜数。今尝计军上[8],竹箭羽旄幄幕[9],甲盾拨劫[10],往而靡弊腑冷不反者不可胜数[11]。与其矛戟戈剑乘车,列住[12]碎折靡弊而不反者,不可胜数。与其牛马肥而往,瘠而反,往死亡而不反者,不可胜数。与其涂道之修远,粮食辍[13]绝而不继,百姓之道死者不可胜数也。与其居处之不安,食饭之不时[14],饥饱之不节[15],百姓疾病而死者,不可胜数。丧师退者不可胜数,丧师尽者不可胜计,则是鬼神之丧其主后[16],亦不可胜数。

国家发政[17],夺民之用,废民之利,若此甚众,然而何为为之[18]?

曰:“我贪伐胜之名,及得之利,故为之。”子墨子言曰:“计其所自胜,无所可用也。计其所得,反不如所丧者之多。”今攻三里之城,七里之郭[19],攻此不用锐且无杀而徒得此,然也[20]?杀人多必数于万,寡必数于千,然后三里之城、七里之郭,且可得也。今万乘之国,虚[21]数于千,不胜而入[22];广衍[23]数于万,不胜而辟[24]。然则土地者,所有余也;王民[25]者,所不足也。今尽王民之死,严下上之患[26],以争虚城,则是弃所不足而重所有余[27]也。为政若此,非国之务者也。

【注释】

[1]古者:据清代学者王念孙研究,应当作“今者”,其意见可取。

[2]情:通“诚”,确实。毁誉:指责备与称赞之评价。审:慎重。

[3]此句是根据学者的研究,从下文移至此处。

[4]谋而不得,则以往知来,以见知隐:如果思虑不得其意,那就根据往事来推知将要发生的,根据明显见得到的来推知那些隐微难知的。见(xiàn),通“现”,指明显见得到的。

[5]师徒:军队,这里指行军打仗。唯毋:语气助词,没有实在意义。

[6]冬行恐寒，夏行恐暑，此不可以冬夏为者也：指冬夏寒暑，不适宜行军打仗。

[7]句意为：行军打仗若在春天就荒废了农耕，若在秋天就荒废了收获。

[8]今尝：假设之辞。上：当为“出”字之误。

[9]羽旄：指军旗。古时军旗以雉羽、旄牛尾作为装饰。幄(wò)幕：篷帐。

[10]拨(fá)：通“瞂(fá)”，古兵器名，大盾牌。劫：通“鉣(jié)”，马的组带上的铁。

[11]句意为：这些军用物资拿出去以后损坏腐烂，零落败坏，不能拿回来，数之不尽。靡弊，损坏、破损、败坏。腑，“腐”的假借字，烂坏。冷，当作“泠”，通“零”，零落败坏。

[12]列住：此二字不通，疑当作“往则”二字。

[13]辍(chuò)：中途停止、中断。

[14]不时：不能按时。

[15]饥饱之不节：饥饱没有定数。

[16]主后：主祭与后裔。后，指后嗣。

[17]发政：发布政令。

[18]何为为之：为什么要这么做呢？何为，为何。

[19]郭：外城，古代在城的外围加筑的一道城墙，这里指小城邑。

[20]句意为：攻打这样的城郭，不用锐利的武器且不用杀人就能白白得到，是这样的吗？锐，指锐利的兵器。

[21]虚：虚邑。

[22]不胜(shēng)而入：不能完全纳入自己的治理范围。

[23]广：根据上文，此字应是衍文，当删去。衍：低而平坦的土地。

[24]不胜而辟：不能全部得到开垦与耕作。

[25]王民：当是“士民”之误。

[26]严下上之患：加重了上下的灾患。严，使严重、加重。

[27]弃所不足而重(chóng)所有余：本来士民就不足，却抛弃了他们；本来土地就已经多余了，却又通过侵夺而使之更多。

【品读】

在《非攻》中篇，墨子主要从主战国的内部着眼来分析问题的情实。墨子历数征战之弊，计有废民耕作收获，浪费军用物资，使士民冻死、饿死、病死、战死，等等。“夺民之用，废民之利，若此甚众。”既然如此，为什么还要去征战？

墨子为他们找到了第一个解释：“我贪伐胜之名，及得之利，故为之。”墨子回答说：“计其所自胜，无所可用也。计其所得，反不如所丧者之多。”

是的，这个回答说出了事情的要害。所有的战争都是无知而愚蠢的行为，都是得不偿失的。

即如现在国际间的战争，也没有什么两样。实际上，国与国最好的相处

方式是和平友好、礼尚往来。但是，在春秋战国时期，各国确实不会这么做。看看这个混乱的局势，就明白孟子所说的“春秋无义战”了，当然也就明白墨子在这里的具体的分析了。

墨子曰：“攻战而不可为也。”墨子虽语气平平，但说的道理却很深刻。如果想不明白，那就学会观察：“古者有语：‘谋而不得，则以往知来，以见知隐。’谋若此，可得而知矣。”以史为鉴，加上观察现实，那么一切就都明白了。“为政若此，非国之务者也。”

2 饰[1]攻战者言曰：“南则荆、吴之王，北则齐、晋之君，始封于天下之时，其土地之方，未至有数百里也；人徒之众，未至有数十万人也。以攻战之故，土地之博至有数千里也；人徒之众至有数百万人。是故攻战之速也。”

子墨子言曰：“虽四五国则得利焉，犹谓之非行道也。[2]譬若医之药人之有病者然。今有医于此，和合其祝药之于天下之有病者而药之[3]，万人食此，若医四五人得利焉，犹谓之非行药[4]也。故孝子不以食其亲，忠臣不以食其君。[5]”

古者封国于天下，尚者[6]以耳之所闻，近者以目之所见，以攻战亡者，不可胜数。何以知其然也？东方有莒[7]之国者，其为国甚小，间[8]于大国之间，不敬事于大，大国亦弗之从而爱利。是以东者越人夹削其壤地，西者齐人兼而有之。计莒之所以亡于齐、越之间者，以是攻战也。虽南者陈、蔡[9]，其所以亡于吴越之间者，亦以攻战。虽北者且一、不著何[10]，其所以亡于燕、代、胡、貊之者，亦以攻战也。

是故子墨子言曰：“古者王公大人，情欲得而恶失，欲安而恶危，故当攻战而不可不非。”

【注释】

[1]饰：巧饰、辩饰。

[2]句意为：虽然荆、吴、齐、晋等四五国得到一些利益，但是我还是说，这不是通行之常道、正道。

[3]句意为：现今有这样一位医生，他调和好了他的药，嘱咐天下所有有病的人，让他们服用。和(huò)，拌和。祝药，当是“药祝”之倒文。祝，通“嘱”，吩咐、叮嘱。

[4]行药：可通用之药。

[5]句意为：如果不是通行的药，孝子不拿来让自己的父母服用，忠臣不拿来让他的国君服用。这样的药，如果服用了，就要出问题。

[6]尚者：指上者，即远者。

[7]莒(jǔ)：西周诸侯国，公元前431年为楚所灭，故址在今山东省莒县。

[8]间(jiàn)：间杂、夹杂。

[9]陈：西周诸侯国，公元前479年为楚所灭。蔡：西周诸侯国，公元前447年为楚所灭。

[10]且一、不著何：这是两个小国，具体情况不详。

【品读】

继上而来，墨子为他们找到了征战的第二个解释，即通过战争可以迅速"广地众民"。

这实在不是什么好的借口。确实有那么几个国家通过战争得到了想要的东西。但是，这是不义的。墨子举了一个很好的例子，那就是医生之用药。本来只有那么几个人患有此病，但是，医生却让天下所有的病人都服用此药，其结果可想而知。一个有道的人，是要使国家得到正常的发展的，绝不会为满足一人之利而荼毒天下。

莒国是一个典型的例子。莒是东方的一个小国，夹在大国之间。但是，莒不懂得敬事大国，大国也就不会因此而爱利之。在其东，越人削割其土地；在其西，齐人也兼并其土地。同样，陈、蔡以及且一、不著何这几个小国也都是如此而灭亡的。

这里，墨子提到的已不仅仅是大国攻战了，而是小国。我们在《鲁问》中可读到，鲁阳文君担心齐国来攻，便问计于墨子。墨子为鲁君所讲，与在此处所讲是同一个道理："三代之圣王禹汤文武，百里之诸侯也，说忠行义，取天下。三代之暴王桀纣幽厉，仇怨行暴，失天下。"所以他告诉鲁君："吾愿主君之上者尊天事鬼，下者爱利百姓，厚为皮币，卑辞令，亟遍礼四邻诸侯，驱国而以事齐，患可救也。非此，顾无可为者。"按墨子所说，尊天事鬼、爱利百姓、遍礼四邻、敬奉齐国，这才是正道。前前后后，他的思想是一以贯之的。

但是，事实上，有那么多的诸侯国相继都灭亡了。"古者封国于天下，尚者以耳之所闻，近者以目之所见，以攻战亡者，不可胜数。"本来想要得到一个良好的发展，而避免国家的败落，即"情欲得而恶失，欲安而恶危"，但最终却还是败落灭亡了，此攻战之祸也。

这也反映了当时礼坏乐崩的情形。本来初封国时，各国能够和睦相处，以礼相待，互相尊重，但是后期的发展却并不如此，各国有了膨胀的欲望，想要地广人众。这就破坏了周初制定的礼。所以，墨子还是希望名国以礼相待，小国要敬奉大国，而大国要爱利小国。

3　饰攻战者之言曰："彼不能收用彼众，是故亡。我能收用我众，以此攻战于天下，谁敢不宾服[1]哉？"

子墨子言曰："子虽能收用子之众，子岂若古者吴阖闾[2]哉？"

古者吴阖闾教[3]七年，奉甲执兵[4]，奔三百里而舍[5]焉；次注林，出于冥隘之径，战于柏举，中楚国而朝宋与及鲁。[6]至夫差之身[7]，北而攻齐，舍于汶[8]上，战于艾陵[9]，大败齐人而葆之大山[10]。东而攻越，济三江五湖，而葆之会稽。[11]九夷之国，莫不宾服。于是退不能赏孤，施舍群萌。[12]自恃其力，伐其功，誉其智，怠于教[13]；遂筑姑苏之台[14]，七年不成。及若此，则吴有离罢[15]之心。越王句践视吴上下不相得，收其众以复其雠。入北郭，徙大内[16]，围王宫，而吴国以亡。

昔者晋有六将军[17]，而智伯莫为强[18]焉。计其土地之博，人徒之众，欲以抗诸侯，以为英名。故差论其爪牙之士[19]，皆列[20]其舟车之众，以攻中行氏而有之。以其谋为既已足矣，又攻范氏而大败之，并三家以为一家而不止，又围赵襄子于晋阳。及若此，则韩、魏亦相从而谋曰："古者有语，唇亡则齿寒。赵氏朝亡，我夕从之；赵氏夕亡，我朝从之。诗曰：'鱼水不务，陆将何及乎！[21]'"是以三主之君[22]，一心戮力[23]，辟门除道[24]，奉甲兴士。韩魏自外，赵氏自内，击智伯，大败之。

是故子墨子言曰："古者有语曰：'君子不镜于水而镜于人。镜于水，见面之容；镜于人，则知吉与凶。'今以攻战为利，则盖尝鉴之于智伯之事乎？此其为不吉而凶，既可得而知矣。"

【注释】

[1]宾服：归顺、服从。

[2]阖闾(hé lǘ)：春秋末年吴国国君。

[3]教：教练打仗。

[4]奉甲执兵：身披铠甲，手执兵器。

[5]舍：停下来休息。

[6]次：驻扎。注林：古地名，不详所在。冥隘：古隘道名，即今河南省信阳市东南平靖关。柏举：地名，古代楚地，但位置不详。中楚国：称霸主于楚地。中，据中。

[7]至夫差之身：等到夫差身为国君时。夫差，吴国的国君。

[8]汶：汶水。

[9]艾陵：地名，春秋时齐国之地，在今山东省莱芜市东北，或说在泰安市东南。

[10]葆：通"保"，守。大山：即泰山。

[11]济：渡过。三江：松江、娄江、东江。五湖：泛指太湖流域的湖泊。会稽：会稽山，在今浙江省绍兴市。

[12]退：战罢退兵。赏孤：抚恤战死者的妻子。施舍：给予财物。群萌：众多的百姓。萌，通“氓”。

[13]誉其智：自己称誉自己的智慧。怠于教：懒于训练士兵。

[14]姑苏之台：春秋时吴王阖闾建台于今苏州西南姑苏山上，夫差时在台上又建春宵宫。后越攻吴，为吴太子友所焚毁。

[15]离罢（pí）：离散。

[16]入北郭，徙大内：从吴都城北面的外城攻入，迁走了吴王的大船。大内，当为“大舟”之误。

[17]六将军：指韩康子、赵襄子、魏桓子、范吉射、中行文子、智伯，此六卿当时为将军。

[18]智伯莫为强：没有人比智伯更强大的了。

[19]差（chāi）论：挑选、选择。爪牙之士：勇猛的战士。

[20]皆列：排列。皆，当为“比”字之误。

[21]鱼水不务，陆将何及乎：鱼在水中不快游，一旦失去水而处于陆地上，怎么来得及呢？

[22]三主之君：三家之君。主，为“家”字之误。

[23]一心戮（lù）力：同心合力。

[24]辟门除道：开门清理道路。

【品读】

墨子曲尽心思，说尽非攻之理。这里，他又揭示出攻伐者的第三个理由：能收用兵众者，攻于天下而天下宾服。意思是说，我能号令、聚集我的军队而他们都不能，所以我攻于天下而天下都宾服我。

这个理由根本就是一种毫不掩饰的霸道心态：我就是要以武力收取天下。墨子非常直接地将此心态端出来，摆在天下人的面前。然后墨子依然是用现成的例子予以分析，“以往知来，以见知隐”，从而将他们导入正途。

以吴、晋两个大国为例。吴王阖闾欲征服其他国家，练兵七年，然后征战，占领了楚地而使宋、鲁屈服。夫差当政，继续用兵，又使得“九夷之国，莫不宾服”。但这一切只是表面现象，恶果随后来到。劳民伤财，恃力功伐，内有离散之心，外有伺机报复之国，吴国终被越王勾践所灭。以力兴者必以力败，因为其兴并不是常道，并不是真正的兴。所以，以此收用兵众，当然是误身且误国。

晋国在兴起的过程中，出现了六个权势人物，他们以卿的身份取得大将军的地位。如果一个国家有六位贤者，那么这个国家的美好前景将不可限量。但是，这六位权势人物都有争胜之心。其中智伯最为强势，其势已如同诸侯。他先后合并了中行氏、范氏，合三家为一家，继而谋攻赵襄子。结果被韩、魏、赵三家联合灭掉了，晋国也从此裂为韩、赵、魏三家，从此不复存在。

当一个国家靠战争换得表面繁荣之时，其恶果已经同时来临。一旦把国家领上攻战之途，这个国家的命运就已经在可预测的范围之内了。墨子曾强调，不义不富，不义不贵。不义而富且贵，并不是什么好的兆头。墨子告诉我们的是人间之正理。

墨子没有办法把这些道理给那些人讲明白，所以，针对他们的心理，一一设问，一一点拨，一一开示。那些人即使想不明白，难道就不会看一看历史、看一看现实吗？“君子不镜于水而镜于人。镜于水，见面之容；镜于人，则知吉与凶。”这说的绝不是骗人的假话，而是真理。今若以攻战为利，那么是不是可以鉴之于智伯之事？

非　攻(下)(节选)

1　则夫好攻伐之君,又饰其说以非子墨子曰:"子以攻伐为不义,非利物与?[1]昔者楚熊丽[2],始讨此睢山[3]之间;越王繄亏[4],出自有遽[5],始邦[6]于越;唐叔与吕尚[7]邦齐晋。此皆地方数百里,今以并国之故,四分天下而有之。[8]是故何也?"

子墨子曰:"子未察吾言之类,未明其故者也。古者天子之始封诸侯也,万有余,今以并国之故,万国有余皆灭,而四国独立。此譬犹医之药[9]万有余人,而四人愈也,则不可谓良医矣。"

【注释】

[1]句意为:你说攻伐是不义之举,这大概不利于事物的发展吧?利物,有利于事物的发展。

[2]楚熊丽:人名。《史记·楚世家》记载:"鬻熊子,事文王,蚤卒,其子曰熊丽。"

[3]讨:当为"封"字之误。睢(suī)山:在今湖北省保康县西南,是荆山的首山。楚国最初设都于丹阳,即今秭归县,后来迁到枝江,仍然沿用丹阳之名。此处睢山是指初设都城的秭归。

[4]越王繄(yī)亏:越国始封国时的国君,也就是史书上的无余。

[5]有遽(jù):地名,今已不可考。

[6]邦:建立邦国。

[7]唐叔:周朝晋国的始祖,姬姓,名虞,是周武王之子,成王之弟。周公灭唐以后,封唐叔于其地,其子即位后,改称晋。吕尚:即姜太公,吕氏,名尚,年老遇文王,文王用之。又因为是先君所望得贤才之久,故号为"太公望"。后辅佐武王伐纣,封于齐。

[8]句意为:他们这时的地方都不过方圆数百里,现在因为兼并别国的缘故,(这些国家)四分天下而占有之。

[9]药:医治。

【品读】

现在,我们每个人都有一种思想,都强调个体的存在,强调个体的价值实现。这种思想的潜台词是,我们不愿意为他人而存在,不愿意把自己泯灭在社会之中。我们想到的是:成就自我。

我们如果仔细读一读墨子的这一段文字，就会有很大的启示，尽管他所说的与我们所想的并不是一回事。

好攻伐之君想到的是自己的事情，而不是他人的事情，所以，这样的人对墨子的非攻思想是反对的。他会说，你这样讲非攻，讲攻伐之不义，这是不是不利于社会的发展啊？你看看，天下这四个强大的国家，他们发展得多好啊！当初他们可都是一些小国，地方只有数百里，到今天“以并国之故，四分天下而有之”。这就是功绩，这就是成就，这就是价值实现。

然而殊不知，这正是历史的悲剧，人类的悲剧。因为，如果按照这样一种逻辑去做，那么过一段时间之后，你是不是也会被灭亡？

所以墨子讲：你并不明白我说的话的意思。古时候天子刚开始封诸侯之时，万有余国，而现在以并国之故，那上万个国家都被灭掉了，最后才有了这四个大国现在的局面。这就好比是医生治病。医生给万有余人开药，而只有四个人治愈了，这可不能说是个良医，因为他把全天下的病人、那万有余的病人都给治死了。而这几个活着的也好不到哪里去，如果再这样给剩下的这几个人用药，不知还能剩下哪一个。

墨子讲“法仪”，讲“上同”，都有一个终极归属：天是爱养万物的，所以，每一个人都有好好地生存的理由。如果大家都法天而爱利他人，都不去攻伐他人，那么万国依然是万国，国与国和谐地生存，人民美好地生活。这才是天道。个体的存在是这样的，是依天道而存在的；个人的价值是这样实现的，是依天道而实现的。个体的存在，是每个个体都存在。最基本的是要尊重他人，自己才能得到尊重。若为自己而攻伐他人，自己也将被攻伐，万有余国，就是这样一个一个消失了的。谁也不愿意被灭掉，但是却必然地被灭掉。最后，还能剩下谁？

可能我们没有人想到万有余国的事，墨子给指出来了，他真的是洞察历史的智者。这不就是兼爱吗？这不就是“我爱人人，人人爱我”吗？人人平等，互爱互重，和谐生存，这就是天道。

2　则夫好攻伐之君又饰其说曰：“我非以金玉、子女[1]、壤地为不足也，我欲以义名立于天下，以德求诸侯[2]也。”

子墨子曰：“今若有能以义名立于天下，以德求诸侯者，天下之服[3]可立而待也。”

夫天下处攻伐久矣，譬若傅子之为马然。[4]今若有能信效先利天下诸侯者[5]，大国之不义也，则同忧之；大国之攻小国也，则同救之；小国城郭之不全也，必使修之；布粟之绝[6]，则委[7]之；币帛不足，则共[8]之。以此效[9]大国，则小国之君说，人劳我逸，则我甲兵[10]强。宽以惠，缓易急，民必移。[11]易攻伐以治我国，攻必倍。[12]量我师举之费，以诤诸侯之毙，则必可得而序利焉。[13]督以正[14]，义其名[15]，必务宽吾众，信吾师[16]，以此授诸侯之师[17]，则天下无敌矣。其为利天下，不可胜数也。此天下之利，而王公大人不知其用，则此可谓不知利天下之巨务矣。

是故子墨子曰："今且天下之王公大人士君子，中情[18]将欲求兴天下之利，除天下之害，当若繁为攻伐[19]，此实天下之巨害也。今欲为仁义，求为上士，尚欲中[20]圣王之道，下欲中国家百姓之利，故当若非攻之为说，而将不可不察者此也。"

【注释】

[1]子女：指国民。

[2]以德求诸侯：自己有德，以德与诸侯相交，诸侯自然就愿意亲附。求，旧本有作"来"字者，意即"使之来"。

[3]服：归服。

[4]句意为：现在天下人苦于攻伐已经很久了，就像把童子当马骑一样，他一刻也受不了。处，是"苦"之音讹。按：在这里如果解释成"苦"更好一些。傅子，孺子。傅，当为"孺"。

[5]句意为：今天如果有谁能先以信义相交于天下诸侯而利于天下诸侯。信效，以信相交。效，交，指邦交。

[6]之绝：当是"乏绝"之形误。

[7]委：委输、输送。

[8]共：同"供"。

[9]效：交。这里所说的是交大国，所以"小国"应当是"大国"之误写。

[10]甲兵：兵力、军队。

[11]宽以惠：宽厚而给以恩惠。缓易急：把对臣子的急切之求改变为迟缓的要求。民必移：别国之民必迁移来我国。

[12]易攻伐以治我国：改变攻伐的策略，而注重对内治理我们的国家。攻必倍：功绩必然翻倍。攻，当为"功"之借字。

[13]这三句话的意思是：估量我们花费于兴师的钱财，而用来安抚诸侯之困急，那么必然可以获得很大的好处。师举，举师、兴师。诤，"竫"字之误，安抚、安定。毙，困乏潦倒。序利，应是"享利"之误。

[14]督以正：以正道率领大家。督，统领、督率。

[15]义其名：使其名立于义。

[16]信吾师：使自己的军队信任我，即取信于自己的军队。

[17]授诸侯之师：指的是援助小国以御大国。授，"援"字之误。

[18]中：内心。情：通"诚"，确实。

[19]当若：倘若。繁为攻伐：频繁地进行攻伐。

[20]尚：通"上"。中：符合。

【品读】

墨子对攻伐的思考非常细致。他涉及了许多话题，他是要将攻伐的可能的心态都加以拷问。无论如何，他都是所见真切而立足严正，说话一以贯之。

这一部分是他谈的最后一个问题，即中国古人怀治天下的大命题。我们看此处立论之发端："我非以金玉、子女、壤地为不足也，我欲以义名立于天下，以德求诸侯也。"

其实，这正是墨子想要讲的，只不过借他人之口说出而已。我们可以概括为"以义名立天下，以德来诸侯"。

墨子说"今若有能以义名立于天下，以德求诸侯者，天下之服可立而待也"，这是吸取了《尚书》的思想。

《尚书·大禹谟》中记载，苗民"弗率"，不能顺服，尧便命禹去征讨。但是，禹率师奉辞伐罪，"三旬，苗民逆命"。于是益就对禹说："惟德动天，无远弗届。""至诚感神，矧兹有苗？"即德能感动上天，不管多远，都能达到。至诚能感动神灵，何况是有苗乎？于是，禹班师而回。"帝乃诞敷文德，舞干、羽于两阶。七旬，有苗格。"这是说，禹乃大显文德，以干羽（盾牌与毛羽）为舞于东西两台阶下，以示不再讨罪。结果，七旬之后而有苗来归服。后来就以干羽之舞象征中国的文德教化。《尚书·武成》还有一段文字，是这一做法的很好的说明："我文考文王克成厥勋，诞膺天命，以抚方夏。大邦畏其力，小邦怀其德。"意思是说，我们的先人文王成就了自己的大功德。膺天之命，安抚夏土。所以，大邦畏其力，而小邦怀其德。小邦怀其德，所以周才能长治天下。

墨子所说的"以德求诸侯"，正是从历史中继承而来的。"以德求诸侯，天下之服可立而待也"与"诞敷文德……七旬有苗格"，二者完全是一回事。

有了这样的思想，墨子就能具体讲应该如何做：天下久苦于攻伐，在这种情况之下，大家应如何对待大国？如何对待小国？如何对待内部臣民？等等。对此我们要细细读、细细体会。他完全是"为利天下"，才能有如此之思：国与国不可攻伐，若能"以义名立天下，以德求诸侯"，那天下万民皆可仰赖。

这是墨子借着讲"非攻"而提出的平治天下的方略。

节　用(上)

圣人为政一国，一国可倍[1]也；大之为政天下，天下可倍也。其倍之，非外取地[2]也。因其国家[3]，去其无用之费[4]，足以倍之。圣王为政，其发令兴事[5]，使民用财也，无不加用而为[6]者。是故用财不费，民德不劳[7]，其兴利多矣。

其为衣裳何以为？冬以圉寒[8]，夏以圉暑。凡为衣裳之道：冬加温，夏加清者，尚诸[9]；不加者，去之。其为宫室何以为？冬以圉风寒，夏以圉暑雨。凡为宫室，加固者，尚诸。不加者，去之。其为甲盾五兵[10]何以为？以圉寇乱盗贼。若有寇乱盗贼，有甲盾五兵者胜，无者不胜。是故圣人作为甲盾五兵。凡为甲盾五兵，加轻以利[11]，坚而难折者，尚诸；不加者，去之。其为舟车何以为？车以行陵陆[12]，舟以行川谷，以通四方之利。凡为舟车之道，加轻以利者，尚诸；不加者，去之。

凡其为此物也，无不加用而为者。是故用财不费，民德不劳，其兴利多矣。

有去大人之好聚珠玉、鸟兽、犬马[13]，以益衣裳、宫室、甲盾、五兵、舟车之数，于数倍乎！若则不难。

故孰为难倍？唯人为难倍。然人有可倍也。昔者圣王为法曰："丈夫年二十，毋敢不处家[14]。女子年十五，毋敢不事人[15]。"此圣王之法也。圣王既没，于民次[16]也。其欲蚤处家者，有所二十年处家；其欲晚处家者，有所四十年处家。以其蚤与其晚相践[17]，后圣王之法十年。若纯三年而字[18]，子生可以二三年矣。此不惟使民蚤处家，而可以倍与？且不然已。

今天下为政者，其所以寡人[19]之道多：其使民劳，其籍敛厚[20]。民财不足，冻饿死者不可胜数也。且大人惟毋[21]兴师以攻伐邻国，久者终年，速者数月，男女久不相见，此所以寡人之道也。有与居处不安，饮食不时，作疾病死者；有与侵就僾橐[22]，攻城野战死者，不可胜数。此不令为政者所以寡人之道，数术而起与？[23]圣人为政特无此。圣人为政，其所以众人之道，不亦数术而起与？

故子墨子曰："去无用之费，之[24]圣王之道，天下之大利也。"

【注释】

[1]一国可倍：指一国的财用可多一倍。

[2]外取地：指向外掠夺土地。

[3]因其国家：依托、凭借其国家现有的条件。

[4]去其无用之费：去掉那些无用的耗费。

[5]发令兴事：发布政令，举办事业。

[6]无不加用而为：无不是因为能增加其实用才去做的。

[7]民德不劳：民众能够不劳苦。德，通“得”。

[8]圉寒：即“御寒”。

[9]尚诸：即“上诸”，增之。与下一句“去之”相对。又，“尚诸”原文作“芊䱉”，此处采用吴毓江《墨子校注》的研究成果，改作“尚诸”。

[10]五兵：五种兵器，所指不一。泛指各种兵器。

[11]加轻以利：使其更加轻便、锋利。

[12]陵陆：山路和陆路。

[13]有：通“又”。好(hào)聚：爱好聚集。

[14]处家：娶妻成立家庭。

[15]事人：侍奉人家，指嫁人。

[16]次(zì)：通“恣”，放纵、放肆。

[17]以其蚤与其晚相践：这里指以其成家之早与晚的时间放在一起比较一下。践，及、达到。

[18]纯：都。三年而字：三年而生子。字，指生养子女。

[19]寡人：减少人口。

[20]籍敛厚：按户籍人口数收的税重。

[21]惟毋：语助词，没有实在意义。

[22]侵就偻橐：即“侵就援橐”，拿着攻城之具。侵，渐进。就，即。橐，用来举火攻城之具。

[23]句意为：以上所说的这些事情，不也是为政者使人口减少之道，他们所实行的不就是这些办法吗？令，当作“亦”。

[24]之：原意是往、至，这里指走向。

【品读】

墨子的教导非常朴实，没有什么高深的道理，但却是至理之言。

墨子用圣人、圣王来作标准。所以，他开口就说到圣人之为政。他重点讲圣人如何用心、如何做，这是需要我们加以学习与对照的。

他说，按照我们目前的状态来说，圣人为政一国，则一国之财用就可以增加一倍；为政天下，则天下之财用就可以增加一倍。墨子真的是语出惊人。但是更惊人的是，这些增加的财用，不是靠向外侵夺取得的，而是仅就其国家现有的条件，去掉那些不必要的用度，去掉那些无益的耗费，就可以了。事情相当简单，但是在墨子之外，却没有人想得到，竟然如此就可以“一国可倍”“天下可倍”！

是的，事情就是如此简单。我们要衣服干什么呢？冬御寒，夏御暑，如此而已。这是衣服的本质的定位。人类发明衣服，制作衣服，就是要满足这个需要的。所以，墨子讲，只有在这样的最基本的定位的前提下，才可以增加生产，否则就要停止生产。其他如宫室、甲盾五兵、舟车等，也是如此。

墨子所描述的圣人的做法，就是最自然的生活状态。在这种状态之下，凡是要制作、生产某些东西，都是因为其有益于基本用途才做的。其结果是：“用财不费，民得不劳，其兴利多矣。”

在这种状态之下，那些珠玉、鸟兽、犬马之类的非自然的事物就免去了，把因此而耗费的人才、财力、物力用在那些基本的自然的需要上，当然是“为政一国，一国可倍也”，“为政天下，天下可倍也”。

所以墨子说：“去无用之费，之圣王之道，天下之大利也。”

节　用(中)(节选)

子墨子言曰:“古者明王圣人,所以王天下,正诸侯[1]者,彼其爱民谨忠[2],利民谨厚[3],忠信相连[4],又示之以利。是以终身不餍[5],殁世而不卷[6]。古者明王圣人,其所以王天下正诸侯者,此也。”

是故古者圣王,制为器用之法[7]曰:“凡天下群百工,轮车、鞼匏、陶冶、梓匠[8],使各从事其所能[9]。曰:凡足以奉给民用,则止。[10]”诸加费不加于民利者,圣王弗为。[11]

古者圣王制为饮食之法曰:“足以充虚继气[12],强股肱[13],耳目聪明,则止。”不极五味之调,芬香之和[14],不致远国珍怪异物[15]。何以知其然?古者尧治天下,南抚交阯[16],北降幽都[17],东西至日所出入[18],莫不宾服。逮至其厚爱[19]:黍稷不二[20],羹胾不重[21]。饭于土熘,啜于土形,斗以酌。[22]俛仰周旋威仪之礼[23],诸加费不加于民利者,圣王弗为。

古者圣王制为衣服之法,曰:“冬服绀緅之衣[24]轻且暖,夏服絺绤之衣轻且凊[25],则止。”诸加费不加于民利者,圣王弗为。

【注释】

[1]正诸侯:指作诸侯之长。正,长。

[2]谨忠:诚敬,尽心竭力。谨,恭敬、小心。

[3]谨厚:谨慎笃厚。

[4]忠信相连:尽心竭力,信实真诚,以此与民紧密联系在一起。

[5]餍(yàn):通“厌”,厌烦。

[6]殁(mò)世:即“没世”,终身。卷:通“倦”。

[7]器用之法:制作日用器物的法则。

[8]轮车:制作轮与车的工匠。鞼匏(guì páo):制皮革的工匠。鞼,有纹彩的皮革。匏,“鞄”的假借字,古代制革工。陶冶:制陶与铸造的工匠。梓(zǐ)匠:木工。

[9]使各从事其所能:使各种做工之人制作他们自己所能做的。

[10]句意为:一切日用器物的制作,能够供给日常民用了,就停止生产。

[11]句意为:制作各种器物,只增加了费用而不能增加民用之利的,圣王是不会做的。

[12]充虚继气：补充虚损，使血气得以运行。

[13]强股肱：使身体强健。股肱，大腿和胳膊，代指身体。

[14]句意为：不极力追求饭食五味的调和与气息的芳香。

[15]致：置办。珍怪异物：珍贵稀有的食物。

[16]抚：安抚。交阯：即交趾，泛指五岭以南区域。

[17]降：协和。幽都：即幽州。

[18]东西至日所出入：指东西到了太阳升起和落下去的地方。

[19]逮(dài)至：至于。厚爱：深爱，这里指他常吃的。

[20]黍稷不二：不同时吃黍、稷两种食物。

[21]羹胾(zì)不重(chóng)：不同时食用羹和胾。羹，用肉类或菜蔬等制成的带浓汁的食物。胾，切成的大块的肉。

[22]句意为：吃饭用陶制的饭器，食羹用盛汤羹的瓦器，饮酒用斗。土塯(liù)，陶制饭器。啜，食，饮。土形：亦作"土刑""土硎""土型"，古代一种盛汤羹的瓦器。斗，古代酒器。酌(zhuó)，饮酒、喝酒。

[23]俛仰：俯和仰。周旋：进退揖让。威仪：祭享等典礼中的动作、仪节及待人接物的礼仪。

[24]绀緅(gàn zōu)之衣：指这两种深颜色的衣服。绀，天青色、深青透红之色。緅，青赤色。

[25]絺绤(chī xì)：统称葛布。絺，细葛布。绤，粗葛布。清(qìng)：凉。

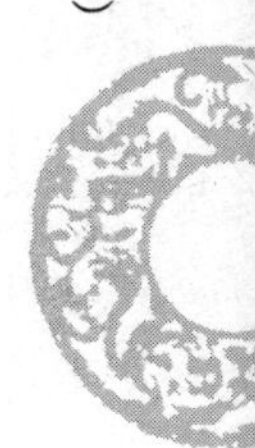

【品读】

墨子讲节用，一切用度必须要有节制。该用的用，不该用的不能用，也不能生产。这里面有很大的学问。他讲的不仅仅是节俭的问题，而是人自身行为的节度。

墨子从古者明王圣人讲起，讲到了他们的用心，讲到了他们的智慧。"古者明王圣人，所以王天下，正诸侯者，彼其爱民谨忠，利民谨厚，忠信相连，又示之以利。"这里讲到了"爱"和"利"。讲"爱"，是对人民一心一意，尽心竭力。讲"利"，是对人民情意浓厚，为人民所虑非常深远，一切为人民有利。明王圣人就是这样的，尽心竭力，信实真诚，以此与人民紧密联系在一起，是以"忠信"与民"相连"；而且还要教给人民、示范给人民，如何才是最有利的。

这些话语，我们不可轻易地就错过了。我们看下面所讲的这些"法"、这些原则，就要思考：为什么要这样？"古者明王圣人"在想什么？

一是百工之法。轮车、鞼匏、陶冶、梓匠等工匠，使其各从事其所能，只去制作他们自己所能做的，会什么就做什么。"凡足以奉给民用，则止。"一切日用器物的制作，供给日常民用，只要够用了就停止生产。这里讲的就是节。东西不是越多越好。“诸加费不加于民利者，圣王弗为。”凡是增加了耗费，而不能使人民多得到好处的，就不做。这里涉及了两大原则：一是够用则止，二是不实用则不做。实际上，这里面还包含了第三个原则，这在下面可以看出来。

二是饮食之法。墨子认为，“足以充虚继气，强股肱，耳目聪明，则止”。饮食是为了充虚继气、强健身体的，能达到这个目的，就可以了。下面特别指出：“不极五味之调，芬香之和，不致远国珍怪异物。”不去讲究味之美与味之奇，才是正常的、健康的饮食。为什么要这样？因为味美与味奇所引发出来的是人的欲望。《老子》第十二章曰：“五色令人目盲，五音令人耳聋，五味令人口爽。”这里仅说五味，因其味美而刺激味觉，所以容易失其平淡，人们如果长期食用，舌必寻味而去，不耐平淡，实际上舌已经受到了伤害。爽者，败也。这个时候，平淡的味道，你已经吃不出味来了，必须去寻求更爽的味。汉语这个“爽”字发明得真是太好了，有爽快的意思，又因爽快而败坏正体，所以有败坏的意思。只要口味败坏，心性必坏无疑。

三是衣服之法。衣为蔽体，冬暖夏凉，这就足够了。依然是适用两条法则，一是够用则止，二是不实用则不做。那么第三条法则，就是避免求美求奇。

前面我们说过，墨子所描述的圣人的做法，是最自然的生活状态。这个自然状态是最根本的。如果离了根本，就伤害了自然，一切就变成不自然的了。这样，所有的工作都不在根本上，都不是自然的状态。人力、物力、财力，大量消耗在这里了。本来要“充虚继气，强股肱，耳目聪明”，但现在却实现不了。由于过度，由于不自然，根本已经伤了，耳之聪与目之明已经伤了。老子为什么讲要返璞归真，道理就在此。永远在真的、朴的地方自然而然地做事，不去做那些不自然的过度人为的事情，这就是“无为”。所以，墨子总结三条法则，一是够用则止，二是不实用则不做，三是避免求美求奇，为的就是不要把人从根本上引开。一旦引开了，人们想再回来，那就困难了。而且，一旦引开了，人类就进入不自然的混乱的状态，因为想要的得不到，就会发展到“力政”，以大攻小，以强劫弱，等等。《韩非子·解老》里就这样说过：“得于好恶，怵于淫物，而后变乱。所以然者，引于外物，乱于玩好也。……而今也玩好变之，外物引之；引之而往，故曰‘拔’。”意思是说，人总是要随着他的爱与恶走，“怵(xù)于淫物”，即被奢华无用的玩物所诱导，“而后变乱”，最后，人就像树木一样，被从根本上拔起来了。

这是墨子、是圣人最不希望看到的。变乱一起，大家争斗，争斗的正是这些外物，因为人已经不知道根本是什么了。如果人们能知道根本，也就不会争斗了。所以，墨子常说，所有的乱皆“起不相爱”。

人类一定要学会节用，一定要懂得节制自己的行为，要明白这其中的道理。圣人所想的，一定根于心性，所以深远，所以真正利于人民。

天　志（上）

1　子墨子言曰："今天下之士君子，知小而不知大。"

何以知之？以其处家者知之。若处家得罪于家长，犹有邻家所避逃之。然且亲戚、兄弟、所知识共相儆戒[1]，皆曰："不可不戒矣！不可不慎矣！恶有处家而得罪于家长而可为[2]也！"非独处家者为然，虽处国亦然。处国得罪于国君，犹有邻国所避逃之，然且亲戚、兄弟、所知识共相儆戒，皆曰："不可不戒矣！不可不慎矣！谁亦有处国得罪于国君而可为也！"此有所避逃之者也，相儆戒犹若此其厚；况无所避逃之者，相儆戒岂不愈厚[3]然后可哉？且语言有之，曰："焉而晏日焉而得罪，将恶避逃之？[4]"曰：无所避逃之。

夫天不可为林谷幽间无人，明必见之。[5]然而天下之士君子之于天也，忽然[6]不知以相儆戒，此我所以知天下士君子知小而不知大也。

【注释】

[1]所知识：指认识的人。儆（jǐng）戒：告诫、警告。

[2]恶（wū）：何、怎么。可为：可行、可做。

[3]厚：重、郑重。

[4]句意为：在此光天化日之下而获罪，将向何处逃避？焉而，相当于"于是"。宴日，光天化日。焉，语气词。

[5]句意为：人不可以为山林深谷是幽僻无人之处就可以随便做什么，因为上天之明察，什么都能看见。林谷幽间，山林深谷幽深之处。明，明察。

[6]忽然：疏忽的样子。

【品读】

天在中国人的观念中是至高无上的。汉代文献《白虎通义·天地》解释说："天之为言镇也，居高理下，为人镇也。"而许慎在《说文解字》中说得更直接："天，颠也，至高无上。"①我们都在天的爱养之下，同时也都在天的监临之下，所以要知所敬畏，要有所敬畏。这就是古人的思想。当人无所畏惧的时候，特别是对天都失去了敬畏之心的时候，灾难也就降临了。

---

①　（汉）许慎：《说文解字》，上海古籍出版社2007年版，第1页。

其实灾难也并不可怕，真正可怕的是不知道灾难是怎么来的。

灾难是怎么来的？——无所顾忌也。当人类不会循规蹈矩的时候，那些不合常规的事情就来了。天灾与人祸，哪一个都不是因为循规蹈矩才来的。

所以，墨子要讲天志，而且是大讲天志。他当时就面临着一个"天下之人头顶着天而看不见天"的形势。

墨子以耸人听闻的形式开了口："今天下之士君子，知小而不知大。"

这是一句警语。墨子接下来必须要有一个交代。墨子说，道理很简单，仅仅以其处家就知道了。你看，在家里面如果得罪了家长，可以暂到邻居家避一避。在国中如果获罪于国君，可以逃到邻国去避一避。但是，如果在天之下犯了罪，该如何？要逃到哪里去避一避呢？墨子说话很有讲究，得罪于家长、得罪于国君，这时候有亲戚、兄弟、所结识的人出来儆戒。但是，在天之下获罪，这时候就没有谁来儆戒了。墨子是用古语来儆戒的，也就是说，无论人们知不知道，我们头上都有天在监临着。墨子在讲话时，举出逃到邻国的事为例，这在那个时候真是司空见惯的事，不免让那些士君子读了他的文章不知不觉就要脸红。往哪里逃，都在天底下？

但是墨子讲这些话，其意并不在使人难堪，而是要提醒人们，行为要有所依据，一切要以天为准。他真正是要把人重新送回到天之下，让人们有所敬畏。其实今天读到这一段文字，对我们也是一个大的警醒，我们也是在天之下，但很多人根本就不在乎天之意。如果不在乎天之意，那些不合乎天之意的事就会来临。而圣人助赞天之化育，是帮助天来化育天下之人的。

2 然则天亦何欲何恶[1]？天欲义而恶不义。然则率天下之百姓以从事于义，则我乃为天之所欲也。[2]我为天之所欲，天亦为我所欲。然则我何欲何恶？我欲福禄而恶祸祟[3]。若我不为天之所欲而为天之所不欲，然则我率天下之百姓，以从事于祸祟中也。然则何以知天之欲义而恶不义？曰：天下有义则生，无义则死；有义则富，无义则贫；有义则治，无义则乱。然则天欲其生而恶其死，欲其富而恶其贫，欲其治而恶其乱，此我所以知天欲义而恶不义也。

且夫义者政也[4]。无从下之政上，必从上之政下。[5]是故庶人竭力从事，未得次己而为政[6]，有士政之[7]；士竭力从事，未得次己而为政，有将军大夫[8]政之；将军大夫竭力从事，未得次己而为政，有三公诸侯政之；三公诸侯竭力听治，未得次己而为政，有天子政之；天子未得次己而为政，有天政之。

天子为政于三公、诸侯、将军大夫、士、庶人，天下之士君子固明知之，天之为政于天子，天下之百姓未得明知也。

故昔三代圣王禹汤文武，欲以天之为政于天子，明说天下之百姓，故莫不犓牛羊，豢犬彘，洁为粢盛酒醴，以祭祀上帝鬼神而求祈福于天。我未尝闻天下之所求祈福于天子者也，我所以知天之为政于天子者也。

【注释】

[1]然则：承上启下之词，可以译为“既然这样，那么”，或者“那么”。欲：希望。恶：厌恶。

[2]“天欲义而恶不义”至“为天之所欲也”：既然天欲义而恶不义，那么，我率天下百姓从事于义，那我就是在做天之所欲的事了。

[3]祸祟（suì）：指鬼神兴作的灾祸。古人以鬼神降祸于人叫“祟”。

[4]且夫义者政也：义是用来正人的。且夫，表示递进之词。政，通“正”。

[5]无从下之政上，必从上之政下：不能以下正上，必须以上正下。

[6]是故庶人竭力从事，未得次己而为政：所以普通人努力做自己的事，但不能放纵自己任意做事。次，即“恣”，放纵、放肆。为政，指做他们自己的事情。

[7]有士政之：有士去督正他们、领导他们。

[8]将军大夫：指卿大夫。在西周时，他们是天子或诸侯所分封的臣属，掌握着所分属都邑的军政大权，或者他们也在朝任职。

【品读】

在这一部分里，墨子进入正式的话题。读一读这几段文字，我们就可以知道，其实圣人所说的话，也并没有多么高深，只不过是庸言庸行。但是，这些庸言庸行却关乎世道人心，只要我们肯坐下来认真读一读，肯用心体会一下，就能明白其中所讲的都是人间的至理。只是我们常常马虎过去了，常常自以为“懂”了。

墨子在这里要讲的是依天而行。依天而行，行什么？义也。“天欲义而恶不义。”“天下有义则生，无义则死；有义则富，无义则贫；有义则治，无义则乱。”这话通俗且简单。但是，我们往往就是在这样通俗而简单的地方不加措意。所有的圣人，无一例外都是平常之人，但他们都是在这样的地方去用心。圣人所做的都是平平常常的事情，所讲的也是平平常常的道理，我们一般叫作“大道理”，其实很多都是老生常谈。

大道理之所以大，是因为它涵括的面大。老生之所以常谈，是因为谈也谈不清，谈也谈不完。大道理其实也是最基本的道理。我们往往舍本而求末，去求高深之理。孟子曰："君子所以异于人者，以其存心也。"①圣人就是在这些最基本的地方用心，把一个平常人的人生体会得淋漓尽致、细致入微。墨子讲"天下有义则生，无义则死"，讲"有义则富，无义则贫"，这都是天理，都是天意——天之志。

我们总认为自己很高明。所以，也无怪乎墨子说："今天下之士君子，知小而不知大。"接下来墨子就讲，我们要如何来行义。他说："义者政也。"就是用义来匡正我们的行事。人类的行为是有规范的，这个规范在西周社会就是礼义。但是，当礼义得到普及之后，全天下的人都知道礼义了，礼义也就成了大道理，成了老生常谈，大家反而也就都不在意了。这就是礼坏乐崩。礼坏乐崩，其同义语就是：乱。

所以，墨子要重新把人类的规范找回来。士君子、执政者，"无从下之政上，必从上之政下"。百姓需要我们去引导，需要我们自上而下去匡正。但是，士君子之规范已经失去了，如何得了？上者为天子，为国君，君为臣纲，纲何在？答曰在天，要以天为依。纲者，法度也，标准也。最关键的就是我们这些纲的体现者没有了纲、失去了纲。所以，士君子任重而道远。大家看一看历史，则了然于心。昔三代圣王禹汤文武，想把上天匡正天子的事晓谕天下，意欲上下齐同，以天为依，则所谓的"上同"，所谓的"兼爱"，所谓的"非攻"，等等，一切皆有着落。

至此，我们才体会得出，墨子讲话的对象，是在社会上能起到纲的作用的人。一个社会，一个国家，大而天下，失去了纲，失去了规范，其责任不在下，而在上。所以，墨子才说："今天下之士君子，知小而不知大。"他是对着"纲"在说话呢！

3　故天子者，天下之穷[1]贵也，天下之穷富也。故于富且贵者，当天意而不可不顺。[2]顺天意者，兼相爱，交相利，必得赏。反天意者，别相恶，交相贼，必得罚。[3]

然则是谁顺天意而得赏者？谁反天意而得罚者？

子墨子言曰："昔三代圣王禹汤文武，此顺天意而得赏者也。昔三代之暴王桀纣幽厉，此反天意而得罚者也。"然则禹汤文武其得赏何以也？子墨子言曰："其事：上尊天，中事鬼神，下爱人。故天意曰：'此之我所爱，兼而爱

① 《孟子·离娄下》。

之；我所利，兼而利之。爱人者此为博焉，利人者此为厚焉。[4]’故使贵为天子，富有天下，业万世子孙[5]，传称其善，方施天下[6]，至今称之，谓之圣王。”然则桀纣幽厉其得罚何以也？子墨子言曰：“其事：上诟天，中诟鬼，下贼人，故天意曰：‘此之我所爱，别而恶之，我所利，交而贼之。恶人者此为之博也[7]，贱人者此为之厚也[8]。’故使不得终其寿，不殁其世[9]，至今毁之，谓之暴王。”

然则何以知天之爱天下之百姓？以其兼而明之[10]。何以知其兼而明之？以其兼而有之[11]。何以知其兼而有之？以其兼而食焉[12]。何以知其兼而食焉？四海之内，粒食之民[13]，莫不犓牛羊，豢犬彘，洁为粢盛酒醴，以祭祀于上帝鬼神。天有邑人，何用弗爱也？且吾言杀一不辜者必有一不祥。杀不辜者谁也？则人也。予之不祥者谁也？则天也。若以天为不爱天下之百姓，则何故以人与人相杀，而天予之不祥？此我所以知天之爱天下之百姓也。

顺天意者，义政也。反天意者，力政也。然义政将奈何哉？子墨子言曰：“处大国不攻小国，处大家不篡小家，强者不劫弱，贵者不傲贱，多诈者不欺愚。此必上利于天，中利于鬼，下利于人。三利无所不利，故举天下美名加之，谓之圣王。力政者则与此异：言非此，行反此[14]，犹幸驰也[15]。处大国，攻小国；处大家，篡小家；强者劫弱，贵者傲贱，多诈欺愚。此上不利于天，中不利于鬼，下不利于人。三不利无所利，故举天下恶名加之，谓之暴王。”

【注释】

[1]穷：极、终极。

[2]句意为：对于富且贵的人而言，他们是天意的承受者，故而不可不顺。当，承受、承当。

[3]句意为：违反天意的人，区分你我，相互憎恶，互相贼害，必定得到惩罚。

[4]句意为：所谓爱人，以此为最广泛；所谓利人，以此为最厚重。

[5]业万世子孙：指子孙万代。业，当作“叶”，即世、代。

[6]方施天下：其美德广传天下。方，通“旁”，普遍。

[7]恶人者此为之博也：所谓憎恶人，以此为最广、最大。

[8]贱人者此为之厚也：所谓伤害人，以此为最深、最重。贱，当为“贼”字之误。

[9]不殁其世：不能终生。殁(mò)其世，终生。殁，同“没”。

[10]以其兼而明之：因为对于百姓，天皆使其成长。明，成。

[11]其兼而有之：因为百姓都是为天所有的。

[12]以其兼而食焉：因为对于百姓天都供给他们吃的。

[13]粒食之民：吃谷物的人。

[14]言非此，行反此：他们在言论上攻击义，在行为上违反义。

[15]犹幸驰也：就好像背道而驰一样。幸，当作“背”。

【品读】

这一部分,明确地在讲论天子。天子是人间的最高统治者,是人间的最高范式,是"天下之穷贵也,天下之穷富也"。天子是直接承受天意的,当天意而不可不顺。如果天子不能顺承天意,那么天下就没有不乱的理由。墨子说:"顺天意者,兼相爱,交相利,必得赏。反天意者,别相恶,交相贼,必得罚。"

按照墨子的界定,赏就是"上报下之功也",而罚则是"上报下之罪也",这是他在《经说》里所讲的。那么"报",就是根据犯罪者所犯罪过的轻重大小,依法判处相应的处罚。在这里,"上"是指天,"下"是指天子。天不仅爱养万物,而且还监临万物。监临万物,目的还是为爱养万物。墨子讲到这里,一切的依凭已十分明了,毫不含糊。我们今天已没有"天"的概念了,可能对墨子这番话要有一些怀疑。其实这就是我们太过突出自我,境界不到所致。与天相比,自我能有什么呢?

墨子依然要拿出一个样板来给大家看一看。顺天者,三代圣王禹汤文武,他们"上尊天,中事鬼神,下爱人"。我们读一读《尚书》《诗经》,读一读历史,完全能感受到这一切。只要"下爱人",就一定能做到"尊天事鬼";只要"上尊天",就一定懂得"事鬼爱人"。因为天意、神意、人意在墨子看来是相通的。墨子所说的这个标准,即使在今天照样成立。关键是一个人有没有爱人之心,也就是能不能兼爱。

所以,暴王与圣王,立见分晓。

墨子似乎已经看透了读者的心理:"然则何以知天之爱天下之百姓?"他的回答也很简单:"以其兼而明之。"也就是天下所有的百姓,天都让他们好好生活,凭这一点就明白了。这是墨子的表达。而在《老子》里面,天意是用"道"来代表的,天之道是"爱养万物不为主"①,即不仅爱养天下百姓,也要爱养万物。在《周易》中则用易之道来表达,叫作"生生之谓易"②,让所有的生物都生长,这才是易之道。圣者的智慧,在于一个"爱"字,他们看到的天道、天意、易道统统都是爱。

所以,"顺天意者,义政也。反天意者,力政也"。行义政者,是圣王;行力政者,则是暴王。大义分明,毫不含糊。

---

① 《老子》第三十四章。

② 《周易·系辞上》。

4　子墨子言曰："我有天志，譬若轮人[1]之有规，匠人[2]之有矩。"轮匠执其规矩，以度天下之方圜[3]，曰："中者是也，不中者非也。[4]"今天下之士君子之书不可胜载，言语不可尽计，上说诸侯，下说列士[5]，其于仁义则大相远也。何以知之？曰：我得天之明法以度之[6]。

【注释】

[1]轮人：制造车轮的人。

[2]匠人：指木工。

[3]圜：同"圆"。

[4]中者是也，不中者非也：符合规矩的就是圆的和方的，不符合规矩的就不是圆的和方的。中(zhòng)，符合。

[5]列士：有名望的人。

[6]天之明法：即天志。度之：指衡量那些士君子的言论。

【品读】

《天志》的全文很长，讲到了士君子知小不知大，讲到了义，讲到了天志，讲到了圣王与暴王，讲到了"顺天意者，兼相爱，交相利，必得赏。反天意者，别相恶，交相贼，必得罚"，讲到了"顺天意者，义政也。反天意者，力政也"。这一篇文章是墨子所有思想的根本，是他讲话的起点。

这里是最后一部分，墨子要给我们作一个总结，但似乎又不仅仅是总结，他再一次为我们明确了观察一切问题、衡量一切行事的根本标准。在这个标准之下，他全盘否定了"今天下士君子"之行事，因为他们的言论与仁义"大相远"，即差得太远了。既然这样，我们所有的人都应当重新思考、重新确立一种"兼相爱，交相利"的标准与思想。

尽管行文中他用的是"我"，但我们可以进一步把这个"我"读成是我们自身。我们自身需要建立一个伟大的标准，绝对不可以"知小而不知大"。"我有天志"，当一个人心里面有天志时，其实在做任何一件事情时都能体会得到，在其所做的任何一件事情上也都能体现出来，正如同"轮人之有规，匠人之有矩"。在为人处事中体会到了规矩之所在，体会到了规矩之所用，自然就能明白天志是什么了。而且正如墨子所言："我为天之所欲，天亦为我所欲。"即我所做的事都是天所要做的，那么天所做的事也就是我所想做的。真正的明天志，其实正是天人合一的境界。如果我们能这样用心地去体会天志，那么墨学之精义所在也就昭昭于吾辈之心了。

天　志(中)

1　子墨子言曰:“今天下之君子之欲为仁义者,则不可不察义之所从出[1]。”既曰不可以不察义之所从出,然则义何从出?子墨子曰:“义不从愚且贱者出,必自贵且知[2]者出。”何以知义之不从愚且贱者出,而必自贵且知者出也?曰:“义者,善政也。[3]”何以知义之为善政也?曰:“天下有义则治,无义则乱。是以知义之为善政也。”夫愚且贱者,不得为政乎贵且知者;贵且知者,然后得为政乎愚且贱者。此吾所以知义之不从愚且贱者出,而必自贵且知者出也。然则孰为贵?孰为知?曰:“天为贵,天为知而已矣。”然则义果自天出矣。

今天下之人曰:“当若[4]天子之贵诸侯,诸侯之贵大夫,傐明[5]知之。然吾未知天之贵且知于天子也。”子墨子曰:“吾所以知天之贵且知于天子者,有[6]矣。曰:天子为善,天能赏之;天子为暴,天能罚之;天子有疾病祸祟[7],必斋戒沐浴[8],以洁为酒醴粢盛[9],以祭祀天鬼,则天能除去之。然吾未知天之祈福于天子也。”此吾所以知天之贵且知于天子者。

不止此而已矣,又以先王之书,驯天明不解之道也知之。[10]曰:“明哲维天,临君下土。[11]”则此语天之贵且知于天子。不知亦有贵且知夫天者乎?曰:“天为贵,天为知而已矣。”然则义果自天出矣。

是故子墨子曰:“今天下之君子,中实将欲遵道利民[12],本察仁义之本[13],天之意不可不慎[14]也。”

【注释】

[1]义之所从出:义是从哪里来的,即义是根据什么而来的。

[2]知:同“智”。下文的“知”皆同此义。

[3]句意为:义是最好的政事。政,政事。

[4]当若:倘若。

[5]傐(hào)明:明确。傐,确实。

[6]有:指这是有根据的。

[7]祸祟(suì):旧谓鬼神所兴作的灾祸。古人以鬼神降祸于人叫“祟”。

[8]斋戒：指古人在祭祀前沐浴更衣、整洁身心，不饮酒，不吃荤，以示虔诚。沐浴：濯发洗身。

[9]以洁为酒醴粢盛：指能够洁净地准备好酒食与谷物进行祭祀。

[10]驯天明不解之道：解释上天不懈之道。驯，通“训”，解释。天明，天命，天之明道。不解，即“不懈”。

[11]明哲维天，临君下土：天是明了一切的，照临天下。临君，照临。君，主宰、统治。下土，大地、人间。

[12]中实：内心里确实。遵道利民：遵循正道，遵循法度，以利爱百姓。

[13]本察仁义之本：从根本上体察仁义从哪里产生。

[14]慎：通“顺”。

【品读】

这是墨子第二次讲天志，也是对天志之说的进一步思考。当一个人向世间、向他人贡献出智慧的时候，他的智慧是在不断地增长的。因为他不是为了取悦于人，不是为了表现自己的才能，而是真诚地、发自内心地想去做。而这个真诚正是智慧之源。墨子在体会天志，体会天之意。天之志就表露在人间。《周易》里面讲到了：“观乎人文，以化成天下。”天人本来就是合一的，观乎人文，可得天志，即可以化成天下，所以，要善于观察体会，但必须出自真诚。这个真诚，就是没有私意，不执着于个人的一己之见。

前面在《天志》里，墨子讲到了“天欲义而恶不义”，讲到了“顺天意者，义政也”，讲到了顺天意是“兼相爱，交相利”，在这里，墨子继续讲义之所出。墨子说：“今天下之君子之欲为仁义者，则不可不察义之所从出。”要行仁义，必须知道仁义是从哪里来的，真正理解了才能真正做得好。

在这里，我们需要先看一下墨子讲到的“仁义”。他说：“义者，利也。”“义”是“利”的意思，但这个“利”不是我们所理解的利。他说：“志以天下为分，而能利之。”也就是说，能够以天下之事为自己的分内之事而能利于天下，这才叫作“利”。而且，在“义”之上他经常加上一个“仁”字。他说：“仁，体爱也。”“爱民者，非为用民也，不若爱马。”仁是体爱，是从自身发出的爱。他进一步说，爱民不是为了用民，与爱马是为了用马不同。这些观点都出自墨子的《经说》。

我们从墨子对这些概念的界定中，就能体会到他的境界了。简单地说，仁就是无私地发出爱，义就是真心利人利物。这一切都不是为己，而是为他人、为天下。为他人、为天下，才能心怀天下。心怀天下，才能体会得出天之爱养万物。这样，义之所从出，也就是天了。当一个人能够这样体会天意的时候，他就是真正的圣人。

但是，墨子不直接说义是从天而来的，而是说："义不从愚且贱者出，必自贵且知(智)者出。"墨子经常语出惊人，其惊人是为了发人之省，启人之智。那么，为什么义"必自贵且知(智)者出"呢？因为，"义者，善政也"。这个回答真是太好了，一下子就把人提到善的境界了。

那么，为什么义是善政呢？墨子层层推进，为人打开一扇一扇紧闭着的善的大门："天下有义则治，无义则乱。是以知义之为善政也。"

义是利他的，是利物的，所以天下有义则治，所以义是善政。既然义是善政，那必然是从善者出的。若人能自省到此，则义自天出也就明白了。

"义果自天出矣。""今天下之君子，中实将欲遵道利民，本察仁义之本，天之意不可不慎也。"墨子认为，如果士君子确实要遵道利民，确实要体察到仁义之本，那么天之意是不可不顺的。

墨子是一位大智圣者，我们可以看到，他讲明真理，劝喻世人，引导世人，真的是善巧方便。

2 既以天之意为不可不慎[1]已，然则天之意将何欲何憎？子墨子曰：天之意不欲大国之攻小国也，大家之乱小家也。强之劫弱，众之暴[2]寡，诈之谋[3]愚，贵之傲[4]贱，此天之所不欲也。不止此而已，欲人之有力相营[5]，有道相教，有财相分也。又欲上之强听治[6]也，下之强从事也。上强听治，则国家治矣；下强从事，则财用足矣。若国家治，财用足，则内有以洁为酒醴粢盛，以祭祀天鬼；外有以为环璧珠玉，以聘挠四邻[7]。诸侯之冤不兴[8]矣，边境兵甲不作矣。内有以食饥息劳[9]，持养其万民，则君臣上下惠忠，父子弟兄慈孝。故唯毋明乎顺天之意[10]，奉而光施之天下[11]，则刑政治[12]，万民和，国家富，财用足，百姓皆得暖衣饱食，便宁[13]无忧。是故子墨子曰："今天下之君子，中实将欲遵道利民，本察仁义之本，天之意不可不慎也！"

【注释】

[1]慎：通"顺"。

[2]暴：欺凌、凌辱。

[3]谋：图谋、算计。

[4]傲：对…表示轻慢、轻视。

[5]有力相营：有力者帮助别人。营，当为"劳"。

[6]强：努力。听治：本意是断狱治事，泛指治理。

[7]聘挠四邻：指互通使者，礼尚往来，睦邻友好。聘，聘问，专指天子与诸侯或诸侯与诸侯间遣使通问，友好往来。挠，当是“接”字之误，结交。

[8]冤：“怨”的假借字，怨仇。兴：起、发生。

[9]食饥息劳：使饥饿的人有吃的，使劳苦的人得到休息。

[10]唯毋：语气词，没有实在意义。

[11]奉而光施之天下：奉持不失而广泛地施行于天下。光，通“广”。

[12]刑政治：指刑政得到很好的治理。治，指政治清明、社会安定的局面。

[13]便(pián)宁：安宁。

【品读】

前面墨子谈到：“今天下之君子，中实将欲遵道利民，本察仁义之本，天之意不可不慎也！”他告诉我们，如果士君子确实要遵道利民，确实是要体察到仁义之本，那么天之意就是不可不顺的了。

墨子已多次讲到，顺天意是义政，是“兼相爱，交相利”，这一部分墨子进一步讲，“天之意将何欲何憎”，也就是如何做才能算是“兼相爱，交相利”。天之意是不希望大国攻小国，不希望大家乱小家，也不希望以强劫弱、以众欺寡、以诈谋愚、以贵傲贱。这一切都是天所不欲也。看到这里，我们就会明白，墨子所讲的都是针对当时已经混乱、颠倒了的社会现实的。

接着墨子才说：“不止此而已，欲人之有力相营，有道相教，有财相分也。”“不止此而已”，因为这还不是他愿意看到的，还不是积极的作为，所以他才说“有力相营，有道相教，有财相分”。墨子不是一个空谈的人，而是一个身体力行的人；正因为身体力行了，所以他才能说到问题的关键处。这里是说，在社会上，能以力助人的，就出力；能以道教人的，就出智；能以财帮人的，就出财。总之，自身有什么就贡献什么。在我们对墨子的品读与理解中，力、智这两方面他都做到了。他到处奔走，劝阻战争，劝喻人君。孟子曾评价他：“墨子兼爱，摩顶放踵利天下，为之。”[①]所谓“摩顶放踵”，是指从头顶到脚跟都磨坏了、磨烂了，这是说他不辞辛苦，舍己为人。《淮南子·泰族训》也曾经评价墨子与他的弟子：“皆可使赴火蹈刃，死不旋踵。”“死不旋踵”，即至死也不会回头。

而且，对于他的学生，墨子也是这样教的。《耕柱》篇里面有记载，他的两个学生治徒娱和县子硕问他：“为义孰为大？”墨子说：“就好像筑墙一样，能筑墙的就筑墙，能填土的就填土，能挖土的就挖土，这样才能够建成。做

---

① 《孟子·尽心上》。

义事也是如此，能分讲道理的就分讲道理，能教书的就教书，能做事的就做事，这样才可以做得好。”他教学生，与前面所说的“有力相营，有道相教，有财相分”是一以贯之的。也就是说，在社会上，人人都献出自己之所能，做力所能及之事，这就够了。既没有什么高深的道理，也没有什么难做的事。

接着他又讲到：“上之强听治也，下之强从事也。”这是从治理政事上来说的，上上下下，各自都努力做好分内的事，也就可以了。千万不要以为行义、行善政是如何如何的困难，其实一切都是自然而然的，美的事、善的事就是自然而然的，十分简单，绝对不是什么“挟太山越河济”。

若上强听治，则国家治矣；如果下强从事，则财用足矣。

国家政治清明，社会安定，而且财用足，剩下的事自然就好办多了。可以很好地祭祀上天鬼神，我们可以很好地结交四邻。这样，诸侯的怨仇消除了，也就没有战争了，百姓也不用受苦受累了，都能得到养护。君臣上下，父子弟兄，各守伦理，和谐美好。

这一切来得是那么简单而自然，只要懂得顺天之意，奉持不失，则必然天下太平。

最后，墨子再一次强调：士君子如果确实要遵道利民，确实要体察到仁义之本，那么天之意是不可不顺的。

3　且夫天子之有天下也，辟之无以异乎国君诸侯之有四境之内也。[1]今国君诸侯之有四境之内也，夫岂欲其臣邑万民之相为不利哉？[2]今若处大国则攻小国，处大家则乱小家，欲以此求赏誉，终不可得，诛罚必至矣。夫天子之有天下也，将无已异此。今若处大国则攻小国，处大都则伐小都，欲以此求福禄于天，福禄终不得，而祸祟[3]必至矣。

然则不为天之所欲，而为天之所不欲，则夫天亦且不为人之所欲，而为人之所不欲矣。人之所不欲者何也？曰：病疾祸祟也。若已不为天之所欲，而为天之所不欲，是率天下之万民以从事乎祸祟之中也。

故古者圣王明知天鬼之所福，而辟天鬼之所憎[4]，以求兴天下之利，而除天下之害。是以天之为寒热也节，四时调，阴阳雨露也时[5]；五谷孰，六畜遂[6]，疾菑戾疫凶饥[7]则不至。

是故子墨子曰：“今天下之君子，中实将欲遵道利民，本察仁义之本，天意不可不慎也！”

【注释】

[1]句意为：天子拥有天下，与下面的国君、诸侯拥有自己的四境之内是一样的。辟(pì)，同“譬”，比喻、比方。

[2]句意为：现在国君、诸侯也有自己的国家，他们怎么可能希望他们各个地方的百姓相互做出不利的事情呢？

[3]祸祟(suì)：指鬼神所兴作的灾祸。

[4]句意为：古时候的圣王，他们知道天鬼是如何赐福给人的，知道避免而不做天鬼所憎恶的事情。福，赐福、保佑。

[5]寒热也节，四时调，阴阳雨露也时：冷热有节度，四时调顺，阴阳雨露也按时而至。

[6]五谷孰：指粮食收获好。六畜遂：指家畜繁盛。

[7]疾菑：疾病灾异。戾疫：瘟疫。凶饥：饥荒。

【品读】

人有爱心，这是天然的，是自然而生的。父母对子女有慈爱之心，这也是天然的，是自然而然的。如同《孝经·圣治章》里面所讲：“父子之道，天性也。”其实这个天然的慈爱之心本身就是受之于天然之道的。在平平常常的状态之下，可能我们还感觉不到爱的存在。但是，当我们处于上位之时，比如父母对子女、哥哥姐姐对弟弟妹妹、老师对学生、领导对员工，这个时候就会有不同的感觉。因为在这样的情景之下，自然而然就能感发出一种关爱与责任。这就是天然本性的发露。

根据我们现有的文献资料可知，墨子从来没有谈到这个问题，这并不是因为他对这个问题有别样的理解，而是他谈话的对象始终都是“为政者”，或者说他是直接对准了“为政”这个家国大事。也就是谈话的着眼点不同，因而有很多话题是谈不到的。但是，他的言论也多次涉及“君臣上下惠忠，父子弟兄慈孝”，仅这一点就已经可以说明问题了。所以，未曾谈过，并不等于没有，也不等于有别的见解。

墨子在这里讲的依然是“今天下之君子”，这个“天下之君子”仍然是从为政的角度来说的。他要讲什么呢？他要讲明我们身处上位之时的自然而然的感觉和应该持有的态度。

“天子之有天下也，辟之无以异乎国君诸侯之有四境之内也。”即天子拥有天下，与天下之各国国君拥有自己的四境之内是一样的。“今国君诸侯之有四境之内也，夫岂欲其臣邑万民之相为不利哉？”这些国君，这些诸侯，他们也不愿意、也不希望看到生活在其土地上的百姓做出相互之间都不利的事情，因为他们总是希望大家都能安居乐业。这就是慈爱之心。因为有了慈爱之心，才能希望大家兼爱。上天是爱养万物的，人类也无异于此。

但是，“今若处大国则攻小国，处大家则乱小家，欲以此求赏誉”，不仅“终不可得”，而且“诛罚必至矣”。这就是在上位者所不愿意看到的，既然做了不利于其他国家的事情，在上者就要给予相应的诛与罚。在西周社会，诸侯之间发生不愉快的事情，天子是要问罪的。在天子看来，大家既然都是兄弟国，就不应该祸起萧墙之内。这里墨子说“诛罚必至矣”，“诛”是指以礼责备。在经典中，古人常解释为“责让”。事情严重、态度恶劣时，就要讨伐。讨伐虽然动用军队，但并不是真的动武，军队是用来壮大气势的，表明理直，所以，依然是责其不礼，责其罪过，使之感到羞耻。但是到春秋时，这种情形已经变了，礼坏乐崩，诛罚已经不是来自天子了，国君、诸侯相互之间直接就“奉辞伐罪”，大动干戈了。处大国攻小国，处大家乱小家，已经完全失去正常的秩序了。

这里，“诛罚必至”是自上而来的。天子拥有天下，与国君、诸侯拥有其土，情况是一样的。但是，这个“自上而来”还有另外一种情况，那就是上天的惩罚。墨子说“今若处大国则攻小国，处大都则伐小都”，这时，欲以此求福禄于“天”，“福禄终不得，而祸祟必至矣”。对于这一点，我们读历史文献时会有相当的感触。在甲骨卜辞里，我们看到帝令风、帝令雨，天降这个灾、降那个灾，那时的人们还没有认识到这是上天对人类的惩罚；等到我们读《尚书》《春秋》及先秦诸子经典时，事情就明了了，人们认为是由于自己不德而致使上天降灾祸。如《尚书·伊训》曰：“作善，降之百祥；作不善，降之百殃。”所以，《诗经·大雅·文王》歌曰：“无念尔祖，聿修厥德。永言配命，自求多福。”这是讲要怀念祖上，很好地修其美德；要永远配得上上天之命，而自求多福。

所以，墨子所讲的话都是有着历史文化的积淀与传承的。在这种认识前提之下，如果不去做“天之所欲”，而是做“天之所不欲”，那么“天亦且不为人之所欲，而为人之所不欲矣”。意思是，自己如果不按照天所希望的去做，而去做天所不希望做的，当然天也就不会把你所想要的给你，而是给你那些你不想要的。曾子曾说过：“出乎尔者，返乎尔者也。”[①]意即发出去的是什么，返回来的就是什么。中国历史上长期以来形成了一种认识，即“天道好还”。

人所不希望的是什么？是“病疾祸祟”，所以，“若已不为天之所欲，而为

---

① 《孟子·梁惠王下》。

天之所不欲，是率天下之万民以从事乎祸祟之中也”。也就是说，“病疾祸祟”的到来完全是人们自己导致的。墨子说，古时候的圣王，他们真正知道天鬼是如何赐福给人的，真正知道如何避免做天鬼所憎恶的事情，所以风调雨顺，“病疾祸祟”不至。

士君子一定要明白这些道理。最后，墨子还是要再强调一遍：今天这些士君子，如果确实是要遵道利民，确实是要体察到仁义之本，那么天之意是不可不顺的。

老子讲：“天道无亲，常与善人。”①因为爱心是合于天道的。

4　且夫天下盖有不仁不祥[1]者，曰：当若子之不事父，弟之不事兄，臣之不事君也，故天下之君子，与[2]谓之不祥者。今夫天兼天下[3]而爱之，撽遂万物以利之[4]，若豪之末，莫非天之所为也[5]，而民得而利之，则可谓否[6]矣。然独无报夫天[7]，而不知其为不仁不祥也。此吾所谓君子明细[8]而不明大也。

【注释】

[1]盖：大概。祥：吉利。

[2]与：同“举”，全都。

[3]兼天下：兼容天下之人。

[4]撽遂万物以利之：天促成万物使万物生长，这样来爱利万物。撽(qiào)遂，驱使某物使其得以生长。撽，驱使。

[5]若豪之末，莫非天之所为也：万事万物虽然细如毫毛之末，但也无不是作成于天。

[6]否：当为“丕”字之误，大。

[7]然独无报夫天：然而竟然不报答上天。

[8]细：小。

【品读】

这一节文字很短，但是却讲了一个大道理，即“不仁不祥”。简单地说就是：不仁的人是不吉利的。上文墨子其实已经涉及这个问题了，只是没有明确地升华为“不仁不祥”。

在这里，墨子举了一个通行的例子，那就是“当若子之不事父，弟之不事兄，臣之不事君也”，那么天下之君子都会“谓之不祥者”，即都会说他不吉

① 《老子》第七十九章。

利，他要承受某种不祥的后果了。现在的人可能会说这是迷信了，但是，只要用心仔细地琢磨琢磨，就会明白，墨子所说的是一个真理。

墨子讲的是伦理道德，伦理道德所讲的是人的天然本性，也就是天之道。就是说，父母慈爱子女，子女亲爱、孝养父母，这是天然的、自然而然的，是没有道理可讲的。所以《孝经》讲："父子之道，天性也。"[①]我们知道，顺应天道，顺应天然本性，才能"风调雨顺"；而如果违背天道，违背万事万物运行的规律，那么"病疾祸祟"就会不期而至。这都是有其道理可讲的。

所以，我们也常讲"作善得福"，而不是"作恶得福"。无论是谁作恶，都不会得福。

这个道理在那时是很普通的，但是，墨子在这里还不是要讲这个道理，他只是用其举例子，来讲人与天的关系。

他说，天兼爱天下所有的人，作成万物的生长，以此惠利万物，即使是毫毛之末，也没有一样不是天之所为，所以民得而利之。天下人从上天那里所得到的恩赐是无比大的，但是却不知道要报答上天，不会报答上天，这就是墨子所说的"不仁不祥"了。

如何报答上天？其实非常简单，即墨子在下文所交代的"顺天之意"，也就是要兼爱。真正懂得兼爱的人，必定是敬天的。懂得"顺天之意"，就说明心里是明理的，是知天的，这就与天之意相应。

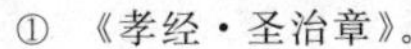

① 《孝经·圣治章》。

明　鬼(下)(节选)

子墨子言曰:逮至昔三代圣王既没[1],天下失义[2],诸侯力正[3]。是以存夫为人君臣上下者之不惠忠也,父子弟兄之不慈孝弟长贞良也。[4]正长之不强于听治[5],贱人之不强于从事也[6]。民之为淫暴寇乱盗贼,以兵刃毒药水火,退无罪人乎道路率径[7],夺人车马衣裘以自利者并作。由此始,是以天下乱。此其故何以然也?则皆以疑惑鬼神之有与无之别[8],不明乎鬼神之能赏贤而罚暴也。今若使天下之人,偕若[9]信鬼神之能赏贤而罚暴也,则夫天下岂乱哉!

【注释】

[1]三代圣王:指夏禹、商汤和周文王、周武王。没:去世。

[2]失义:指丢弃仁义。

[3]力正:以武力相征伐。正,通“征”。

[4]句意为:(天下失去了仁义,诸侯以武力相征伐,)所以就出现了君主对臣下没有恩惠、臣下对君主没有忠心,父对子不慈爱、子对父不孝顺,兄对弟不关心、弟对兄不恭敬的现象。

[5]正长:官长。强:努力。

[6]贱人:地位低的人,这里指平民。从事:做事。

[7]退:当为“迓”,即“御”,迎击。率径:当读为“术径”,泛指道路。率,通“术”,车道。径,步道。

[8]句意为:那是因为大家在辨别鬼神之有无的问题上困惑不明。

[9]偕(xié):都、俱。若:句中语气词,没有实在意义。

【品读】

这一篇《明鬼》,墨子要讲的是鬼神的有无问题。文章很长,大篇幅地证明鬼神是存在的,是能“赏贤而罚暴”的,其意义在于扬善抑恶,使人行义。这里,我们只摘取开头的一节,发起讨论。

三代圣王以后,天下人抛弃了仁义,抛弃了道义,各诸侯大行武力征伐,于是天下大乱。君臣、父子、兄弟之间不讲伦理道德,官长不致力于政事,平民百姓不致力于做好自己的事情。各种暴力寇乱自然也就随之滋生。为什么会出现这种局面呢？

墨子说，是因为大家在辨别鬼神有无的问题上困惑不明，其实也就是说，人们不相信鬼神的存在了，已经没有什么能让人们产生敬畏的了。读墨子的《天志》篇，我们可以看到，天在人们的头脑中已经没有了，所以人们也没有了敬畏感，也就肆无忌惮而不行义了。这里继而又谈到了鬼神，其意思是相同的。

在这个世界上，当人没有了可以约束其行为的外在力量时，也就失去了行为的内在规范。自身力量突出，内心德性将被埋没。敬畏外在的力量与我们的内在心性是关联在一起的，因为这些令人敬畏的力量无不具备惩恶扬善的道义。墨子所说的鬼神，其意义正在于此。他所举的那些例子，大多是因行恶而受到惩罚的。为父者以警其子，曰："戒之！戒之！凡杀不辜者，就会得到不好的结果，受到鬼神的惩罚，就像这件事这样快啊！"又如："凡是不恭敬谨慎地对待祭祀的人，鬼神的惩罚就像这件事这样快啊！"当我们不明白上天与鬼神存在的意义的时候，我们就会说那是迷信。其实这是不同的思维方式，不是从科学的角度讨论鬼神之有无，我们应该尽力去弄明白其中所蕴含的道理。

孔子曾经说过："君子有三畏：畏天命，畏大人，畏圣人之言。小人不知天命而不畏也，狎大人，侮圣人之言。"[①]第一，"天命"，是天所赋予的正理。何晏《集解》以为，天命顺之则吉，逆之则凶，所以可畏。第二，"大人"，是在上位的人。诸侯治国，天子治天下，各有权力维护朝野安定，不能干犯，所以可畏。这是对长上的敬畏。第三，"圣人之言"，圣人的话含有深远不变的道理，载于经典，流传后世，所以君子畏之，而不敢违背。人生必有可畏，必须有恭敬心、敬畏心，这样才能成就人类自身的福祉。但是，小人就不一样了，他不畏，他无畏。"小人不知天命而不畏也，狎大人，侮圣人之言。"小人不知天命，当然也就没有什么可畏的了，没有什么人生规范，乱也就乱在这里了。

墨子还不能像孔子那样讲话，因为那样的论调，士君子是听不懂的，所以墨子只能表面化、直白化地讲。

孔子还讲过一段话，与此有关。他说："祭如在。祭神如神在。"孔安国注解说："祭如在，言事死如事生也。祭神，谓祭百神也。"皇侃解释说："祭如在，祭人鬼也。人子奉亲，事死如事生，是如在也。"[②]这样竭诚地对待已经去

① 《论语·季氏》。

② 程树德撰，程俊英、蒋见元点校：《论语集释·八佾》，中华书局2013年版，第203、204页。

世的亲人，如同他还在，也就无所谓鬼神之有无了。孔子为人如此，所以他才能说出这样的话。又，《中庸》引孔子言："子曰：'鬼神之为德，其盛矣乎！视之而弗见，听之而弗闻，体物而不可遗。使天下之人齐明盛服，以承祭祀，洋洋乎！如在其上，如在其左右。《诗》曰：'神之格思，不可度思，矧可射思！'夫微之显，诚之不可掩如此夫！"[①]孔子之言已到了极点了。

如果真的能像孔子这样的话，墨子所说的"为人君臣上下者之不惠忠也，父子弟兄之不慈孝弟长贞良"的事当然也就不存在了。墨子所讲的"鬼神之能赏贤而罚暴"是最低限度的信仰要求，如果连这一点都保不住，则天下能不乱哉！

同样的道理，我们读古人书，读孔子、读墨子，当心存敬畏，不可目中无人，妄下雌黄。司马迁《孔子世家》最后写道："《诗》有之：'高山仰止，景行行止。'虽不能至，然心乡（向）往之。余读孔氏书，想见其为人。适鲁，观仲尼庙堂车服礼器，诸生以时习礼其家，余祗回留之不能去云。"[②]这不能不令人深思。

墨子《明鬼》有其时代的意义，也有其永恒的意义。

---

① （清）朱彬撰，饶钦农点校：《礼记训纂·中庸》，中华书局1996年版，第774页。

② 《史记·孔子世家》。

非　乐（上）

1　子墨子言曰："仁者之事者，必务求兴天下之利，除天下之害，将以为法乎天下。[1]利人乎，即为；不利人乎，即止。且夫仁者之为天下度也，非为其目之所美，耳之所乐，口之所甘[2]，身体之所安。以此亏夺[3]民衣食之财，仁者弗为也。"

是故子墨子之所以非乐者，非以大钟、鸣鼓、琴瑟、竽笙之声，以为不乐[4]也；非以刻镂文章[5]之色，以为不美也；非以犓豢煎炙[6]之味，以为不甘也；非以高台厚榭邃野[7]之居，以为不安也。虽身知其安也，口知其甘也，目知其美也，耳知其乐也，然上考之不中[8]圣王之事，下度之不中万民之利，是故子墨子曰："为乐非也。"

【注释】

[1]"仁者之事者"至"将以为法乎天下"：仁人君子所追求的目标是兴天下之利而除天下之害，并以此作为天下的法则、法度。

[2]口之所甘：指吃起来味美。

[3]亏夺：损害、夺取。

[4]不乐（yuè）：即"不音乐"，也就是不合乎韵律，不动听、不和美。

[5]刻镂文章：雕刻华美的图案。这里是指衣服华美。

[6]犓豢（chú huàn）：指饲养的牲畜。煎炙：这里指烹调。

[7]高台：高高的楼台。厚榭：众多的木屋。邃野：即"邃宇"，深邃的屋宇。

[8]考：考察。不中（zhòng）：不合。

【品读】

墨子的非乐，是其节用思想的一个方面，或者说一个表现。在《节用》里面，他讲到了百工，讲到了衣食住行，同时也讲到了节葬。在这里，墨子又专门来讲音乐的问题。对于音乐，他已经不是"节"之，而是"非"之，即反对。

在讲《节用》时，墨子提出了三条法则：一是够用则止，二是不实用则不做，三是避免求美求奇。而且他也说道，所有各方面的制作，"凡足以奉给民用，则止"，"诸加费不加于民利者，圣王弗为"。这是从总的方面来说的。在这里，墨子讲非乐时，又把这个大的法则明确化了："利人乎，即为；不利人乎，即止。”即对人民有利，就做；对人民无益，就不做。我们看到，墨子无论讲什么事都会为大家提供一些理念。而且，这些理念、精神一以贯之，总不离开“兼相爱，交相利”、爱利天下。

墨子并非不懂音乐，相反他应该是一个十分精通音乐的人。《吕氏春秋·贵因》篇说：“墨子见荆王，锦衣吹笙，因也。”这里讲到了墨子见荆王，穿的是锦衣，又为荆王吹笙，是要因顺荆王而实现自己的说教。他虽然反对音乐，但是，他却实实在在地是一个行家里手。按照他的意思就是：“你所说的音乐，我不是不懂，但是不能那样用。音乐必有音乐之道。”在宋代的类书《艺文类聚》里有一则材料，引用了《尸子》里的一段话：“墨子吹笙，墨子非乐，而于乐有是也。”也就是说，墨子既吹笙，又反对音乐，他对音乐还是有肯定的地方的。

我们现在看到的《非乐》篇里说“子墨子之所以非乐者，非以大钟、鸣鼓、琴瑟、竽笙之声，以为不乐也”。意思是说，墨子之所以反对音乐，并不是说他认为演奏大钟、鸣鼓、琴瑟、竽笙等这些乐器，没有什么韵律，不动听，不和美。接下来，他谈到其他那些方面：如衣服，他并不以为衣服上雕刻的图案不华美；又如饮食，他也并不以为禽兽的肉烹调出来的味道不甘美；再如居所，他也并不认为高大的台榭、幽深的宫室居住起来不安适。他要强调的是，我们所享用的这一切与古圣王的行事不相合，与人民的利益不相合，所以是不能用的。

也就是说，音乐本身美不美是一回事，而我们是否可以享用以及如何享用则是另一回事。

当时的形势是天下大乱，生产力已经遭到严重破坏，所以权政者不可以再沉浸于大规模的声乐享受之中。而且，也正是因为他们长期沉浸于这样一些大规模的声乐享受中，才导致了这种社会局面的出现。

作为治理国家、治理天下的执政者，必须明白：“利人乎，即为；不利人乎，即止。”音乐是美好的，但是，为了享受音乐的美，其他各方面的工作如制作、表演、欣赏等等，都需要耗费大量的人力、物力与财力，而且要耗用大量的时间，这就严重破坏了我们最基本的生产与生活。这就是离开了根本而从事于末枝了。这样做更会破坏我们的心性。在文章中，墨子从各个方面都作了分析。

本来，"移风易俗，莫善于乐"①，这是从正面来说的。音乐最能使心静，也最能使心动，所以才能移风易俗。《礼记·乐记》说："是故先王之制礼乐也，非以极口腹耳目之欲也，将以教民平好恶而反人道之正也。"墨子并非不知此理。但是，那个时候，礼崩乐坏，战乱频仍，这时如果沉迷于声乐，"好恶无节于内，知诱于外，不能反躬，天理灭矣"。"夫物之感人无穷，而人之好恶无节，则是物至而人化物也。人化物也者，灭天理而穷人欲者也。于是有悖逆诈伪之心，有淫泆作乱之事。是故强者胁弱，众者暴寡，知者诈愚，勇者苦怯，疾病不养，老幼孤独不得其所，此大乱之道也"。《乐记》把这种严重的后果说得清清楚楚。

看看我们的现实世界，其事也就不难理解。今天的音乐已经到了何种地步了，这是不堪想象的。狂热、刺激、悖乱、色情、低沉，满天歌星，遍地追族。"好恶无节于内"，"人之好恶无节"，于是人们就被这些音乐外物所化，人的欲望被激发出来，而人之天性则遭到了泯灭。这就是灾难。

墨子虽然不是专门从这个角度来谈问题，而主要是在谈上层社会废弃了根本，但他所说的都没有离开这个问题，只是不明说而已。这在文中已有显露，他引用汤之《官刑》说："其恒舞于宫，是谓巫风。"引用《武观》又说："启子淫溢康乐，野于饮食。将将铭铭，管磬以力。湛浊于酒，万舞翼翼。章闻于天，天用弗式。"意思是说，夏启放纵享乐，在野外大肆吃喝，那铿锵如金石的音乐，是管磬扬声发出来的；他又沉湎于酒，观赏浩大的《万》舞。这一些都被上天知道了，上天以为不合法式。这一切都是"上考之不中圣王之事，下度之不中万民之利"，所以墨子说"为乐非也"。

在《非乐》全文的结尾，墨子这样作结论："今天下士君子，请将欲求兴天下之利，除天下之害，当在乐之为物，将不可不禁而止也。"此时，他的话已经说得很严肃了。

2　今王公大人，虽无造为乐器，以为事乎国家，非直掊潦水、拆壤垣而为之也[1]，将必厚措敛[2]乎万民，以为大钟、鸣鼓、琴瑟、竽笙之声。

古者圣王亦尝厚措敛乎万民，以为舟车。既以成矣，曰："吾将恶许[3]用之？"曰："舟用之水，车用之陆，君子息其足焉，小人休其肩背[4]焉。"故万民出财赍[5]而予之，不敢以为戚[6]恨者，何也？以其反中民之利也。然则乐器

① 《孝经·广要道章》。

反中民之利亦若此，即我弗敢非也。[7]然则当用乐器，譬之若圣王之为舟车也，即我弗敢非也。

民有三患：饥者不得食，寒者不得衣，劳者不得息，三者民之巨患也。然即当为之撞巨钟、击鸣鼓、弹琴瑟、吹竽笙而扬干戚[8]，民衣食之财将安可得乎？即我以为未必然也。

意舍此[9]。今有大国即攻小国，有大家即伐小家，强劫弱，众暴寡，诈欺愚，贵傲贱，寇乱盗贼并兴，不可禁止也。然即当为之撞巨钟、击鸣鼓、弹琴瑟、吹竽笙而扬干戚，天下之乱也，将安可得而治与？即我未必然也。是故子墨子曰："姑尝[10]厚措敛乎万民，以为大钟、鸣鼓、琴瑟、竽笙之声，以求兴天下之利，除天下之害而无补也。"

是故子墨子曰："为乐非也。"

【注释】

[1]"今王公大人"至"拆壤垣而为之也"：现在的王公大人制作乐器，用来服务于国家，并不是像用手掊除一点积水、拆毁一堵墙那样容易做到。虽无，即"唯无"，语气助词，没有实在意义。直，只、仅仅。掊(póu)，用手捧。潦(lǎo)水，雨后的积水。壤垣，土墙。

[2]措敛：即"作敛"，聚敛民财。

[3]恶许(wū hǔ)：即"何许"，何处。

[4]休其肩背：让肩背得到休息。

[5]赍(jī)：送。

[6]戚：忧伤。

[7]句意为：如果制作乐器也正好能符合人民的利益，就像圣王制作车船一样，那么我也不敢非议。

[8]然即：然则。当：如。为之：给王公大人。扬干戚：举着盾牌和斧钺起舞。扬，举起。干，盾牌。戚，形似斧头的兵器。

[9]意舍此：或者撇开这一点。

[10]姑尝：假如。

【品读】

墨子讲非乐，涉及了很多方面的事情，因为文章过长，所以在这里我们仅领略其一点即可。他具体讲了为乐之非的一个方面。

墨子总是提到"大钟、鸣鼓、琴瑟、竽笙之声"这样一些大型的音乐，这与人民的生活状况是不相符的，而且是严重的不相符。所以他说："今王公大人，虽无造为乐器，以为事乎国家，非直掊潦水、拆壤垣而为之也。"意即现在的王公大人制作乐器服务于国家，并不是像用手掊除一点积水、拆毁一堵墙那样容易做到。“将必厚措敛乎万民，以为大钟、鸣鼓、琴瑟、竽笙之声。”墨子说“必厚措敛”才能办得到，也就是需要耗费很大的人力、物力与财力。

这种情形与舟车之用并不相同。舟车之用，“古者圣王亦尝厚措敛乎万民”，但是，“舟用之水，车用之陆，君子息其足焉，小人休其肩背焉”。所以，“反”而可以中民之利。在这里，墨子并不是说古圣王真的是“厚措敛乎万民”而为舟车之用，他是借古喻今而已，说的是今。他的意思是，当今治国、治天下者，虽然为舟车之用而“厚措敛乎万民”，但如果用对了，毕竟还是有一些利民之处的，所以“万民出财赍而予之”。人民尽管拿出一些财用，但是“不敢以为戚恨者”，不敢有恨。量其实而言，那时平民百姓的日常生活与舟车之用根本就没有关系，君子可以“息其足焉”，而小人却不可能“休其肩背焉”。

但是，国家的粮食与其他物资的运输，毕竟还是离不开舟车，所以对于舟车，墨子提出要“节用”，不能用于游佚玩好。然而那时的音乐已经完全属于玩好之用，所以墨子严格区分了音乐与其他方面的用度。舟车之用，耗费很大，但能“反”中民之利，虽然其所制作并不是“为”民之利。而音乐连“反”中民之利也不可能，所以墨子要“非”之。墨子说话很讲艺术、很含蓄、很委婉，既不刺激人，也不伤人，但又能提醒人，能让人深思。因为他说话的目的并不是想抨击不好的现象，而是真心为天下着想，是要挽救天下的。这是爱心的表现。这才是圣人之心。

他说：“民有三患：饥者不得食，寒者不得衣，劳者不得息，三者民之巨患也。”在这种情况下，我们如果“撞巨钟、击鸣鼓、弹琴瑟、吹竽笙而扬干戚，民衣食之财将安可得乎”？这是值得我们思考的。他说：“即我以为未必然也。”意即从我这里来说，我认为是不可能的。

如果可以撇开这些不谈，那么，那些大国攻小国、大家伐小家、强劫弱、众暴寡、诈欺愚、贵傲贱、寇乱盗贼并兴等严重的事情，我们现在就“不可禁止”了，就难以解决了。但是，此时却是：“撞巨钟、击鸣鼓、弹琴瑟、吹竽笙而扬干戚，天下之乱也，将安可得而治与？”他说：“即我未必然也。”他说，我们面临着许多急需要办的事情，根本就没有时间、没有精力、没有财力和人力来兴办音乐。

所以，“厚措敛乎万民，以为大钟、鸣鼓、琴瑟、竽笙之声”，这绝不是在“求兴天下之利，除天下之害”，是故子墨子曰“为乐非也”。

非　命(上)(节选)

子墨子言曰:“古者王公大人,为政国家者,皆欲国家之富,人民之众,刑政之治。然而不得富而得贫,不得众而得寡,不得治而得乱,则是本失其所欲[1],得其所恶,是故何也[2]?”子墨子言曰:“执有命者以杂于民间者众[3]。执有命者之言曰:‘命富则富,命贫则贫,命众则众,命寡则寡,命治则治,命乱则乱,命寿则寿,命夭则夭。命,虽强劲何益哉?[4]’以上说王公大人,下以驵[5]百姓之从事,故执有命者不仁。故当执有命者之言,不可不明辨。”

【注释】

[1]本失其所欲:从根本上失去了所想要的。本,根本。

[2]是故何也:即“是何故也”,译为:这是什么原因呢?

[3]执有命者以杂于民间者众:持有天命论思想的人在民间有很多。

[4]命,虽强劲何益哉:对命运来说,虽然我们奋发努力,但又有什么益处呢?

[5]驵(zǔ):“阻”的假借字,阻碍、妨碍。

【品读】

非命,就是反对社会上流行的“命由天定”的说法。墨子的非命论,在中国历史上是有很大影响的。学者在这个问题上争论不休,很多人认为墨子是针对儒家而发的。今天我们不可以妄加评论,应当善于体会古人的思想,善于体会古人的用心,这样才不致大误,而从中受益。

其实,诸子百家中没有任何一个人是持有“命由天定”的天命论的,他们都在讲积极修为、自强不息。最明显的表现就是:无论是谁,他们每一个人都是积极修为才成就自己的。“轴心时代”的中国诸子,其闪光的地方也就在这里了,这才真正是人类自身的觉醒。而且,一部中国的历史,从上到下,充满了这样的光辉,这正是中国人文精神的深邃之处。

在《尚书》中表现出两种天命观,这两种天命观当然都离不开天。第一种天命观是消极的,即殷纣王所云:“我生不有命在天?”①意思是说,西伯虽然对商有威胁,但是我生下来就有命在天,有天来保佑我,我怕什么?这种

① 《尚书·西伯戡黎》。

天命观由来已久，而且绵延至今而不绝。它延伸出来的含义就是命运已经先天决定了，用俗语说就是“命有八尺，难求一丈”。

另外一种天命观是“天监下民，典厥义”[①]，意在告诉人们，人行不德天必罚。“典厥义”是指上天一直在主持正道，提醒人不可作恶。所以，周人讲话常常也有代天伐商之言以劝勉其民，因为商人不德。周人讲的更多的是人要以德行来应天命，而由此又引申出敬天的思想。这是一种新的天命观，也是由来已久，由西周立而大行于天下。墨子的天命思想当然也是前有所承，其他诸子也都持有这样的天命观而略有差异。如果概括起来，可以用《周易》“自强不息，厚德载物”言之。

墨子所弘扬的第二种天命观是积极的，也正是我们在《天志》里面所看到的。在这篇《非命》中，墨子从正面分辨与批评第一种消极天命观，即“命富则富，命贫则贫，命众则众，命寡则寡，命治则治，命乱则乱，命寿则寿，命夭则夭”。

墨子讲《天志》与《非命》是有针对性的，他要消除天下人的糊涂思想。因为这种思想当时确实很流行。所以，墨子说：“执有命者以杂于民间者众。”他是说，持有天命论思想的人在民间有很多，这样就妨碍了人们积极地去从事社会生产、改善社会生活。

我们从《论语》中可以看到一个很有代表性的事例，即司马牛与子夏的谈话。司马牛很忧伤，就对子夏说：“人皆有兄弟，我独亡。”子夏说：“商闻之矣：死生有命，富贵在天。君子敬而无失，与人恭而有礼。四海之内，皆兄弟也。君子何患乎无兄弟也？”[②]司马牛的事在《左传》里有比较详细的记载：司马牛的家族在宋国，他的哥哥桓魋得宠于宋景公，但是桓魋不知报恩，反而要谋害宋景公，桓魋的其他弟弟如子颀、子车，也都帮着他谋反。后来叛乱失败。司马牛虽然没有参与，但因为兄弟们犯了灭族之罪，他也不得不逃亡。他逃亡齐、吴等国，最后死在鲁国城门外。

问题是，子夏提到了“死生有命，富贵在天”的话，成为后人评论儒家天命观的话柄。其实，子夏是劝他把那些事放下，不必忧虑，真正要做的是学会积极做人。子夏是非常积极地运用了这两句话的。

子夏说“商闻之矣”，“商”是子夏的字，这句话也就是说“我闻之矣”。我们由此事可以看出，这种消极的天命观还是很普遍的，所以墨子就站出来为大家讲一讲，“故当执有命者之言，不可不明辨”。

---

① 《尚书·高宗肜日》。

② 《论语·颜渊》。

“非命”这一个大话题，在那时就已经提出来，这给中国历史增添了很大的光彩，真的是为中国历史输入了正能量。我们今天能读到这个话题，一定会从中受益。

但我们今天仍然有很多人不能摆脱天命思想的束缚，虽然不是那么相信命，但却要算命。须知，命不是算好的，而是在自强不息当中创造出来的。

耕　柱(节选)

1　子墨子怒耕柱子[1]，耕柱子曰："我毋俞于人乎？[2]"子墨子曰："我将上大行，驾骥与羊，我将谁驱？[3]"耕柱子曰："将驱骥也。"子墨子曰："何故驱骥也？"耕柱子曰："骥足以责[4]。"子墨子曰："我亦以子为足以责。"

【注释】

[1]怒：恼怒。耕柱子：墨子的弟子。

[2]我毋俞于人乎：难道我不是胜过别人了吗？俞，通"愈"，胜过。

[3]句意为：我将要上太行山，驾车的有良马与羊，我应当驾哪一个呢？大(tài)行，即太行山。

[4]骥足以责：良马足以担当重任。责，任。

【品读】

在《耕柱》篇中，我们具体接触到墨子和他的弟子的对话。师生问对，这在先秦文献中是一个比较显著的特点。中国人不擅长理论的推衍，而是喜欢具体地谈事论道，在谈论事情当中深含哲理，真实可感，使人能够从具体的言谈行事当中有所悟、有所明，从而有所得。

从这则小故事当中，我们可以看出，墨子对耕柱子经常耳提面命，多有教导。但是，耕柱子似乎没有达到墨子的要求，他甚至还不能体会到老师的用心。一分诚敬一分收获，耕柱子还不能做到。墨子对他也并不满意，其心情也有一些急躁，所以常常有"怒"的表现，这也是极为正常的事情。耕柱子感到有一些冤枉，就反问老师："我难道不比其他的弟子好吗？"意思是，我觉得我已经很好了，为什么老师还要对我这样呢？

墨子不得已，说出了对他有责望的话来。类似的故事，我们在《论语》中也能见到一些，但孔子师生之间还没有如此表露心迹的。无论如何，学生跟随老师，要想得到真学问，就必须恭敬认真，叫"就有道而正焉"，叫"亲仁"。若失去恭敬，远离老师，这种做法本身就已经失去根本了，肯定是什么也学不到的。

现如今，我们的学制与以前相比已经大不相同了，但是，无论如何，师生之道是不应该改变的。我们说，同样的天，同样的地，同样的课堂，同样的老

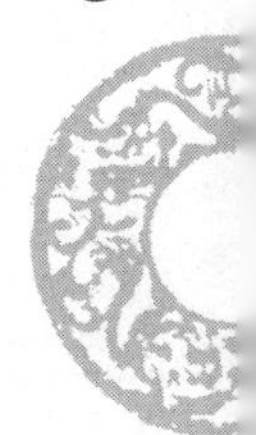

师，为什么最后每个人的收获大不相同呢？所谓一分诚敬一分收获，十分诚敬十分收获，其道理是不言而喻的。

2　治徒娱、县子硕[1]问于子墨子曰："为义孰为大务？[2]"子墨子曰："譬若筑墙[3]然，能筑者筑[4]，能实壤者实壤，能欣[5]者欣，然后墙成也。为义犹是也。能谈辩者谈辩，能说书者说书，能从事者从事，然后义事成也。"

【注释】

[1]治徒娱、县子硕：墨子的两位弟子。

[2]为义孰为大务：行义，什么是大务、要务？

[3]筑墙：古代筑墙用的是版筑法，即先立版夹，然后填土夯实。

[4]筑：指用杵夯实泥土。

[5]欣："锨"的假借字。锨是挖土的工具，这里指挖土。

【品读】

墨子提倡行义，以义利天下。但是他的弟子学来学去，反倒有些不明白，所以就会发问。这也是极为常见的现象。孔子的弟子也常常问仁、问孝、问政、问修身等这样那样的问题。

这里两位弟子问："为义孰为大务？"也就是说，如果要行义，那么什么是最重要的事情？这个问题问得并不恰当。

我们看看老师的回答："好比筑墙，能夯土的夯土，能填土的填土，能挖土的挖土，然后墙就筑成了。"墨子以筑墙作喻告诉大家，行义没有大小之分，能做什么就做什么，具体来说就是"能谈辩者谈辩，能说书者说书，能从事者从事，然后义事成也"。能为人分析事理的就为人分析事理，能从事教学的就教学，能以义做事的就做事，这样，义事也就成了。

墨子所讲的是一个真理，任何事情都是如此，眼下所做的任何事都是有意义的，都是需要认真去做的，这叫作"当下即是"。而且，能做什么就做什么，踏踏实实，不必远求，不要好高骛远，永远做好自己应该做的事情。这样才能学会做事情，其实做事也就是做人。

3　巫马子[1]谓子墨子曰："子兼爱天下，未云利也；我不爱天下，未云贼也。[2]功皆未至，子何独自是而非我[3]哉？"子墨子曰："今有燎者[4]于此，一人奉水将灌之[5]，一人掺火将益之[6]，功皆未至，子何贵于二人？"巫马子曰："我是彼奉水者之意，而非夫掺火者之意。[7]"子墨子曰："吾亦是吾意，而非子之意也。[8]"

【注释】

[1]巫马子：具体情况不详。有学者怀疑是孔子的学生巫马期或其后代。

[2]"子兼爱天下"至"未云贼也"：您兼爱天下，也没见有什么利益；我不兼爱天下，也没见有什么害处。云，有。

[3]自是而非我：以己为是，以我为非。

[4]燎（liǎo）者：放火者。

[5]一人奉水将灌之：有一个人捧着水要去浇灭火。奉，通"捧"。灌，浇。

[6]一人掺（shǎn）火将益之：有一个人拿了火要去助长火势。掺，持。益，增长、增大。

[7]句意为：我认为那个捧水人的心意是正确的，而那个持火人的心意是错误的。

[8]句意为：我也认为我兼爱天下的心意是正确的，而你不兼爱天下的心意是错误的。

【品读】

我们不知道巫马子是什么人，或许是孔子门人，或许是孔门之后，但无论如何，从这则小故事中我们可以看到巫马子问了一个十分没有水准的问题。但是这个问题，却值得我们反思。

在社会当中，任何一个人的力量都是有限的，任何一个人的力量又是无穷的。这就看我们的力量是如何发出的了。只要想兼爱天下，就必然能兼爱天下。心有多大，世界就有多大；心有多好，世界就有多好。这就是墨子的圣者之心。巫马子不晓此理，心闭塞而不能开，以此之心拟量圣人之心。所以他才说："子兼爱天下，未云利也；我不爱天下，未云贼也。"其实利害已成之于心，成之于心则必然现之于外，只是心盲不见而已。

墨子回答说：现在假如有一个人捧水要去浇灭大火，而又有一个人拿了火要去助长火势，他们所要做的事情都未成功。在这种情况下，你认为哪一个人更可贵呢？答案当然非常明显。对于巫马子之问，墨子没有直接回答，而是巧妙地以救火作喻，循循善诱。所谓仁者当如是！所谓智者当如是！

这件事对我们来说，是非常有意义的。因为我们现在好多人生活得就像巫马子一样，闭塞的心不能觉悟，对于好的事物无动于衷。所以墨子才苦心倡导：兼爱，兼爱，这样世界才是美好的。

4 巫马子谓子墨子曰："舍今之人而誉先王，是誉槁骨[1]也。譬若匠人然，知槁木也，而不知生木[2]。"子墨子曰："天下之所以生者，以先王之道教也。今誉先王，是誉天下之所以生也。可誉而不誉，非仁也。"

【注释】

[1]槁骨：枯骨，指已死之人。

[2]句意为：这就好像木匠一样，只知道干枯的木头，却不懂得活生生的树木。

【品读】

中国人有一个文化传统，在一定程度上可以说是道统。在古人眼里，禹、汤、文、武就是这个道统的代表，他们为天下人开创了太平盛世，开创了美好的黄金时代。在墨子看来，那个时代，那个世界，符合天道，符合人道。中国文化之所以有一个伟大的向心力，其原因也正在于此。那些先王圣君是后人取法的榜样，所以，古人在讲话时常常会提起他们。如果读《孟子》就会看到，"孟子道性善，言必称尧舜"①。中国"轴心时代"的诸子，无不如此。他们都感受到了先王圣君的伟大，都在继承而光大圣王之道。

根据上一则故事，我们知道巫马子很难进入圣人的境界，所以他并不明白先王之道对于人类社会意味着什么。在他眼里，古圣先王就是枯骨而已，真是无知之甚。墨子一句话就点明了先王之道的伟大："天下之所以生者，以先王之道教也。"意即天下万物之所以生生不息，就是先王之道教化的结果。所以，称颂先王，实际上是在称颂天下所赖以生存的道。这样美好的东西我们不去称颂，还能称颂什么？应该称颂而不称颂，"非仁也"。

称颂先王，称颂先王之道，这是在提倡先王之道，是在以先王之道来教人，正如孔子所说，是"述而不作"。

5 子墨子曰："和氏之璧[1]，隋侯之珠[2]，三棘六异[3]，此诸侯之所谓良宝也。可以富国家，众人民，治刑政，安社稷乎？曰不可。所谓贵良宝者，为其可以利也。而和氏之璧、隋侯之珠、三棘六异不可以利人，是非天下之良宝也。今用义为政于国家，人民必众，刑政必治，社稷必安。所为贵良宝者，可以利民也，而义可以利人，故曰：义，天下之良宝也。"

---

① 《孟子·滕文公上》。

【注释】

[1]和氏之璧：据《韩非子》记载，相传楚国人卞和在山中得一璞，先后献给楚厉王、楚武王，他们都以为卞和拿石头欺君，所以砍去了卞和的两足；后来卞和又将此璞献给楚文王，文王使玉工治理此璞，果然得到了宝玉，于是命名为"和氏之璧"。

[2]隋侯之珠：古代传说中的明珠。相传古代隋国国君曾经救治过一条受伤的大蛇，后来大蛇从江中衔了一颗明月珠来报答他，故此珠被命名为"隋侯之珠"。

[3]三棘六异：同"三翮(hé)六翼"，代指九鼎。鼎足中空叫翮，鼎的耳叫翼。

【品读】

世界上有很多宝，所谓宝者，是人所认为贵重的东西。既然是这样，你认为是特别贵重的，我却未必以为然。也就是说，无所谓宝不宝，所有的宝都是人为造就出来的，它原本并不是什么。如《庄子·逍遥游》所说的："宋人资章甫而适诸越，越人断发文身，无所用之。"宋国人往越国贩卖一种冠，而越人的风俗是断发文身，以此防虫蛇之患，所以他们用不着冠，当然也就不以冠为贵。宋人向越人贩卖冠，可以说是文不对题。人必须对宝有所认识，才不致进入思维的误区。墨子在这里给我们提供了一个充满智慧的观察与理解方式。

一般而言，和氏之璧、隋侯之珠、三棘六异都是诸侯所公认的宝，当然还有其他的宝，不一而足。实际上，这些认识都是建立在对外物的追求上的，是物欲的表现。无论是老、庄、孔、孟还是墨子，对此都不以为然。他们从人之本性的角度，对宝提出了自己的见解。这里，墨子则是从兼爱天下而利人的角度来讲这个问题的。他建立了一个标准："所谓贵良宝者，为其可以利也"，"可以利民也"，即"可以富国家，众人民，治刑政，安社稷"。墨子以利天下作为评判宝的标准。和氏之璧等不能如此利天下，所以就不是什么宝。

而且，这个宝有具具体的内涵——义。"今用义为政于国家，人民必众，刑政必治，社稷必安。"义可以如此利人，所以说："义，天下之良宝也。"

墨子论宝，是要把天下导入正途。这就是圣人之心。

6　子墨子曰："世俗之君子，贫而谓之富，则怒；不义而谓之有义，则喜。岂不悖哉！"

【品读】

墨子一语道尽了一个世俗现象。所谓"世俗之君子"，内心求富求贵，但是却讳而不敢言；不求仁义，但是常常要以仁义文饰其身。

墨子说："岂不悖哉！""悖"即惑，惑则乱也，所以"悖"又有乱的意思。

人就是以自己的所知所见，去判断世界。知一，则只能用一；知二，则只能用二。知到什么程度，就用到什么程度。知到什么样子，就用到什么样子。换言之，一个人心里有什么，就能看到什么；心里没有什么，就看不到什么；能看到什么，他的世界里就有什么；看不到什么，他的世界里就没有什么。这就是一个人的世界。

世上多有人看错了仁义，看错了社会道德。他们认为那些是圣人所为，圣人都是傻子，都迂腐之极，而墨子又只知道牺牲自己，真是太蠢了。但是他们恰恰不知道，这些圣人真正生活在美好的世界里。这一切并不是物质财富可以替代的，也不是物质财富能换来的。美好的东西，永远根于自己的心性，在内而不在外。所以，凡外求者皆是所得非所求，其用力越大，所不希望得到的越多，而离所求越远。这就是《战国策》里面所讲到的"南辕北辙"。所以，方向永远比努力重要。

圣人都在讲这个道理，他们所表现出来的也是这个道理。但是，正如孔子所说："君子喻于义，小人喻于利。"[①]有这么一些人，你为他讲义，他听不进去，所以也就听不懂；但你给他讲利，他就听进去了，当然也就听懂了。所以，墨子说："岂不悖哉！"这是真正的惑，是真正的思想混乱。世上真正美好的东西，他们反倒不希求，一定要敬而远之，只是拿这些好的东西来装扮自己，所以，"不义而谓之有义，则喜"。

真正拥有美好的人，并不自我夸耀，而是要千方百计赋予别人，让别人共享美好，因为他得到了，他知道什么是真正的美好。《庄子·知北游》说："天地有大美而不言，四时有明法而不议，万物有成理而不说。圣人者，原天地之美而达万物之理。是故至人无为，大圣不作，观于天地之谓也。"圣人，其本原与天地同，其德合于天地，故赞天地之化育，但是又为而无为，如同什么都没有做一样，这才是真正地拥有美好。

这一段文字颇能考量我们的心智，很值得我们琢磨。

① 《论语·里仁》。

贵　义

1　子墨子自鲁之[1]齐，过故人[2]。谓子墨子曰："今天下莫[3]为义，子独自苦而为义，子不若已[4]。"子墨子曰："今有人于此，有子十人，一人耕而九人处[5]，则耕者不可以不益急矣。何故？则食者众，而耕者寡也。今天下莫为义，则子如劝[6]我者也，何故止我？"

【注释】

[1]之：到。

[2]过：探望。故人：熟人、老朋友。

[3]莫：没有人、没有谁。

[4]已：停止。

[5]处：指闲处，没有事情做。

[6]如：宜、应当。劝：劝勉。

【品读】

墨子从鲁国到齐国，见到了老朋友，这个老朋友劝他不要为义，说天下人都没有这样做的。

类似的事情在今天还可以常常看到。当然，这也是一片好心，是为老朋友着想，意思是不要亏了自己，不要苦了自己。但是，这却是实实在在的糊涂、实实在在的不明事理。墨子说过："爱人不外己，己在所爱之中。己在所爱，爱加于己。伦列之，爱己，爱人也。"这是《墨子·大取》里面的话。意思是说，爱人并没有把自己排除在外，因为自己也在所爱之人当中。同样的道理，爱己就是爱人。这是墨子教给我们的道理。也就是说，不会爱自己，就不会爱别人；不会爱别人，也就不会爱自己。只有自己体会到爱是什么，才会去爱别人；自身体会不到，也就不会去爱别人。自身拥有美好，所表现出来的就是美好，所以真的爱己就是爱人，真的爱人就是爱己。用佛家公案来说，自身有热，才能使被子温暖；被子温暖了，才能温暖自己。是被子暖自己呢，还是自己暖自己呢？这也就是现在我们常说的："我爱人人，人人爱我。"曾子说：

“出乎尔者，反乎尔者也。”①意思是，你发出去的是什么，返回来的就是什么。

当然，墨子在这里并不是要讲明因果报应的道理，而是告诉老朋友，正是因为向外界送出温暖的人太少了，所以，我们才更应该加倍努力地去做。墨子打比喻说，假如一个人有十个儿子，其中一个儿子耕作而其余九个儿子却闲着，那么那个耕作的儿子当然就不可以停止耕作，而是要更加着急地去耕作。为什么呢？因为吃饭的人多，而耕作的人少。

看到这里，我们可约略体会出圣人的胸怀来。因为那个耕作的人没有任何的抱怨，他一心为其他人着想，认为自己有义务、有责任来供养大家，所以就更加努力地耕作。这时，我们可以更好地来理解墨子所讲的兼爱了。墨子并没有讲“我爱人人，人人爱我”的道理，他只是讲：你应该鼓励我才对啊！

在这个意义上，墨子的那位朋友还没有学会鼓励别人，还没有学会赞美别人，也就是还没有学会兼相爱、“与人为善”，因为他还没有觉悟人生的意义。

2　嘿[1]则思，言则诲[2]，动则义[3]，使三者代御[4]，必为圣人。

【注释】

[1]嘿：即“默”。

[2]诲：教导、诲诱。

[3]义：原文为“事”，据学术界研究成果改作“义”。

[4]代御：交替进行。

【品读】

圣人，在真正修学的人的眼里，是十分美好的。但是有的时候，“圣人”似乎又是一个不好的名称，这个名称会无止境地高大起来，让人敬而生畏，不可攀仰，最终成为只可远观而不可亲近的异物。

其实，圣人天生并不是圣人，他也是一个普通人，甚至是一个平常人。只是他能做好普通的事，能做好平常的事，大家才称其为圣人。这是指他在做事当中真诚、认真，有真实的体会。他体会到了应如何做人，体会到了宇宙、人生的某种规则，因此他成为一个通达事理的人，也就是在众人之中成为一个先觉者。这就是圣人。

① 《孟子·梁惠王下》。

孟子说过："天之生此民也，使先知觉后知，使先觉觉后觉也。"①这就是圣人的体会。天是爱养万物的，而在众生当中，一定有先知先觉者，他们也一定先于他人体会到了天之意，他们也一定会帮助其他人，让其他人也明白宇宙人生的真相，从而获得幸福。

墨子正是走过了这样一段人生历程，才会如此言说。等走过这个路程之后，才知道，圣人是为解决问题而来的。这个充满问题的世界，就是如此成就了圣人。圣人成就世界，世界成就圣人。没有世界，就没有问题。没有问题，就没有圣人。

"嘿则思"，是指在闲暇之时琢磨问题的根本解决方法。"言则诲"，是承前句话来说的，是指在与别人讲话时，要懂得引导别人，让别人也明白事理。"动则义"，指自己在做事时要合乎义，要时时修养自己，处处为别人树立榜样。从"嘿则思"到"言则诲"，再到"动则义"，这应该是墨子的真实体会。他对自己走过的人生路有真切的认识。或许他也曾走过很多弯路，但是他是走向光明的，而且也达到了光明的境界，所以就有很理性的总结。他把这样美好的人生展现给人类，希望人类都走向光明。这就是"先觉觉后觉"。

真正的美好，一定是不自私的。也只有真正好的东西，才是不自私的。所以，孔子说："有德者，必有言。"②有德者，是真的得到了道，故必有言以利其人。

3 子墨子曰："必去六辟[1]。必去喜，去怒，去乐，去悲，去爱[2]，去恶[3]，而用仁义。手足口鼻耳目，从事于义，必为圣人。"

【注释】

[1]辟：通"僻"，邪僻。

[2]爱：这里指情感方面的喜爱、喜欢。

[3]去恶：原文无此二字，此处据学术界研究的一致见解增补。

【品读】

在这里，墨子第二次讲到"必为圣人"。圣人是什么人？圣者，明也，圣人是明白人。明白人一定是利乐世界的人，这才是真明白。这是从另外一个角度来讲的，我们可以概括为格物致知。

人心本来就是纯净纯善的，是光明的，只因为经年蒙尘，其光才黯而不

① 《孟子·万章上》。

② 《论语·宪问》。

明。当格除这些灰尘之后，光明依然存在于心间。墨子说“必去六辟”，即去掉六种邪僻的东西，“去”就是格。格者，除也。喜怒乐悲爱恶，都是感情用事才具有的表现，都不是真心。真心是纯净纯善的，遇到父母表现出来的是孝，遇到长者表现出来的是尊敬，遇到他人表现出来的是真诚。从此真心出发，从此天然的心性出发，自然而然就会产生真情实感。而如果从喜怒爱恶等出发，这个源点就错了。宋代学者讲要“存天理，灭人欲”，就是这个意思。这里墨子讲“必去六辟”，意思完全相同。

孔子告诉颜回，“非礼勿视，非礼勿听，非礼勿言，非礼勿动”，这样就可以达到仁的境地，讲的还是同一回事。墨子说：去六辟，而用仁义。手足口鼻耳目，从事于义，这样必然成为圣人。其实去掉了六辟，剩下来的就是仁义，仁义自然而然地就显露出来，也自然而然地就是圣人。把蒙上去的灰尘去掉，原物还在那里发光。这就是格物致知，这就是真理。由此我们可以看到，圣人的境界并没有什么两样，他们都在讲同一个问题。

4　子墨子谓二三子[1]曰：“为义而不能，必无排[2]其道。譬若匠人之斫而不能，无排其绳[3]。”

【注释】

[1]二三子：指几个弟子。二、三是虚指，不确定。

[2]排：排斥。

[3]绳：木匠做工使用的墨线。

【品读】

人如果不能循规蹈矩，将一事无成。在这个世界上，没有任何一件事不具备其道，而所有的道都是统而为一的。

大道至简。如老子所言：“吾言甚易知，甚易行。天下莫能知，莫能行。”①最简单的道理在最真实的工夫里，最切于人事，既最易知又最易行。但是，我们往往疏忽过去，不能身体力行，所以不得受用。墨子与他的几个弟子说，行义却不能达到那种真实的境界，一定不要排斥其道。实际上就是说，道是没有问题的，问题在我们自身，用一句话来解释就是，我们不能身体力行而已。如同匠人锯木，如果锯得不好，只能说明其不用心，而不能归咎于准绳。

① 《老子》第七十章。

老子曾经说过:“上士闻道,勤而行之;中士闻道,若存若亡;下士闻道,大唉之。不唉不足以为道。”①所谓的上士,如同一个老实人,他很单纯、很真诚,所以一经闻道,即勤行而不舍。而中士,他就不那么老实、不那么真诚了,他以为很有见识,所以很怀疑别人的道。最麻烦的是下士,他是自以为聪明者,不仅认为别人都不如自己高明,就连古人也难以与己比肩,所以他闻道之后就大加嘲笑。有一副对联说得好:“笑古笑今,笑东笑西笑南笑北,笑来笑去,笑自己原来无知无识;观事观物,观天观地观日观月,观上观下,观他人总是有高有低。”这副对联讲得真好,对我们有很大的启发。

墨子在点拨学生,放下自我,态度老实,才能与道相合。

5　子墨子曰:“今瞽[1]曰:‘钜[2]者白也,黔[3]者黑也。’虽明目者无以易[4]之。兼白黑[5],使瞽取焉,不能知也。故我曰瞽不知白黑者,非以其名也,以其取也。[6]今天下之君子之名仁也,虽禹汤无以易之。兼仁与不仁,而使天下之君子取焉,不能知也。故我曰天下之君子不知仁者,非以其名也,亦以其取也。”

【注释】

[1]瞽:盲人。

[2]钜:应当是“岂”字之误,“岂”是“皑”的假借字,白色。

[3]黔(qián):黑色。

[4]易:改变。

[5]兼白黑:指把黑、白放在一起。

[6]句意为:我所说的盲人不知道黑白,并不在于白与黑的名称上,而在于实际的分辨与选择上。

【品读】

能说不能行,不是真知。《老子》开篇就讲:“道可道,非常道。”真的境界是不可言说的。因为智者已经到达那个境界,所以他把门打开,让人们跟着他的引导,一步一步走进那个真境界。这时我们才恍然大悟,啊,原来如此。这就叫作“深造自得”。你自己进来看看就明白了。你没有进来,我怎么说你也不明白;你进来了,我就什么也不需要说了。

当我们将其作为一种知识来学习时,已经是不得其实了,因为提供知识

① 《老子》第四十一章。

的人并非深造自得，并未到达其境。这种知识大多是道听途说，或者凭自己臆测而产生。面对这样的知识，我们都是隔靴搔痒，这就要看谁说得好听了。大家都没有进去过，还在外面大谈特谈，论文一大堆，书籍一大堆，学术会议一大堆，只是在比较谁说得更高明一些而已。真知者无以言。我们把这种知识教给盲者，他也能说得头头是道。皑者白也，黔者黑也，这一点，盲者非常清楚，但是真要把具体的白的东西、黑的东西拿出来，放在一起，让他分辨，让他选择，结果可想而知。

"今天下之君子之名仁也，虽禹汤无以易之。"意即天下有一些君子谈仁，即使是夏禹商汤在此，也没有办法更改一点，因为他讲得很合乎其理，讲得很好听，讲得很明白。但是，面对现实时，仁与不仁他就分不清了。这就不是真知。所以，真学问非深造之而难以自得。深造之，就是深深地进入其中，达到那个境界，这时才能真正得到学问。

墨子在为我们指点君子修行的一种现象，目的是让每一个人都有所警觉。他说："故我曰天下之君子不知仁者，非以其名也，亦以其取也。"这句话是说，天下之君子有不知仁者，并不是说他们在名上不知道仁，而是说他们的行持。这个"取"字，应当理解为"行持"。这就提醒我们每一个人，应注意实际的行持，而不可流于口头上的言说。

6　子墨子曰："今士之用身，不若商人之用一布[1]之慎也。商人用一布市[2]，不敢继苟而仇焉[3]，必择良者。今士之用身则不然，意之所欲则为之[4]，厚者入刑罚，薄者被毁丑[5]，则士之用身不若商人之用一布之慎也。"

【注释】

[1]布：指货币。古代曾实行实物贸易，布曾经作为货币的一种。

[2]市：做买卖、贸易。

[3]不敢继苟而仇焉：不敢轻易地、马虎地就用钱购买货物。继，当是"轻"字之误。仇(chóu)，通"售"，用钱买物。

[4]意之所欲则为之：心里怎么想就怎么干。

[5]厚者入刑罚，薄者被毁丑：过错严重的受到刑律的惩罚，轻的也被人诟骂。厚，重。入，陷入。薄，轻。

【品读】

这一条说到了为人之严谨。一般人最容易犯的错误是：虽已做错却不知不觉，一旦祸事临头，才感到巨大的恐惧与痛苦，而且不得不接受。人世间绝没有无缘无故的灾祸，都是起于细微而不觉，积久而成大困境。所以，君子修身，应处处端心正意、处处谨慎。

在这里，墨子以商人的行为与士之修身作对比来说明问题。商人以营利为重，士以修身为本。这样说，或许不是太恰当，但就一般意义而言还是可以的，不必太计较。商人在经营时非常慎重，每一枚钱币的使用都不允许出现误差。如果说经商是商人的事业，那么商人在这个事业的每一点的运作上都是十分用心的。而士君子，他的事业毫无疑问首先就是修身。这是一般人对士君子的定位。但是，这个大事业却不是每一位士君子都能经营得好的。在每一个细节上，他未必能做到像商人使用钱币那么严谨。

士君子以道重天下，必持之以正，绝不可以"意之所欲则为之"，只有这样，才能进德修业。墨子寄希望于士，所以责之如是。

公 孟

1 公孟子[1]谓子墨子曰:“君子共己以待[2],问焉则言,不问焉则止。譬若钟然,扣则鸣[3],不扣则不鸣。”子墨子曰:“是言有三物[4]焉,子乃今知其一身也[5],又未知其所谓也[6]。若大人行淫暴[7]于国家,进而谏,则谓之不逊,因左右而献谏,则谓之言议[8]。此君子之所疑惑也[9]。若大人为政,将因于国家之难,譬若机[10]之将发也然,君子之必以谏。然而大人之利若此者,虽不扣必鸣者也。若大人举不义之异行,虽得大巧之经[11],可行于军旅之事,欲攻伐无罪之国有之也。以广辟土地,著税伪[12]材,出必见辱[13],所攻者不利,而攻者亦不利,是两不利也。若此者,虽不扣必鸣者也。且子曰:‘君子共己待,问焉则言,不问焉则止,譬若钟然,扣则鸣,不扣则不鸣。’今未有扣,子而言,是子之所谓不扣而鸣邪?是子之所谓非君子邪?”

【注释】

[1]公孟子:即孔门的弟子公明仪。

[2]共己以待:恭谨律己以待时。共己,恭谨以律己。共,同“恭”。

[3]扣:通“叩”,敲击。鸣:发出声响。

[4]是言有三物:这话涉及三种情况。

[5]身也:罢了。身,为“耳”字之误。

[6]未知其所谓也:不知道它是在说什么情况。

[7]大人:即“王公大人”。淫暴:荒淫暴虐。

[8]言议:评议是非。

[9]此君子之所疑惑也:这是君子疑惑而为难的事情。

[10]机:古代弩上发箭的装置。

[11]大巧:指兵法非常巧。经:经书,这里指兵书,如《六韬》等。

[12]著税:即赋税。著,当作“赋”。伪:通“贿”,即货币。

[13]出:出师。见辱:被辱,指失利、失败。

【品读】

恭己以待,可以说是古代社会君子的一个理想追求。君子、贤者、圣人,切身修己,德合天地,所以能参赞天地之化育,意即助成天地,化育天下。因为地载天覆，无所不容，而天地万物皆秉承天地之道而生，所以，圣人君子以此而仁爱万物，体天地之道而为之。《老子》曾经讲过，天地不作，万物"将自化"。这是天地道德混融之感，所以其书又名《道德经》。而孔子也尝谈及此："天何言哉？四时行焉，百物生焉。天何言哉？"①圣人君子恭己以待，是涵容万物，爱养万物，如同天地之大德，又"譬若钟然"，大叩大鸣，小叩小鸣，不叩则不鸣。恭己以待，就是切己修身，以应世需。

但是，公孟子仅得圣人君子之语言外表，而不能体会这种真实境界，所以他所说的话有意在向墨子发难。因为在他看来，墨子不懂得恭己以待，而是汲汲于天下疾苦，到处奔波。当时社会乱象丛生，这也印证了老子所说的"失道而后德，失德而后仁，失仁而后义，失义而后礼"②。当根本的东西失去之后，其末必乱，礼坏乐崩也就不可避免。这个时候依然要处其根本，老子称之"处其厚，而不居其薄"，如此才能应世。

墨子所做的是，"处其厚"而理其末，即处其本而救其末。这不是公孟子所能理解的。公孟子以为自身在守本，却走上了空泛不实、本末皆失之路。所以，墨子说他："子乃今知其一身也，又未知其所谓也。"意即你现在仅知其一，而这个"一"你也还不知道是什么意思。

墨子讲到，君子经常会遇到进退两难的境地。王公大人荒淫暴虐，于国家不利，君子进谏则显得不逊，若通过别人进献自己的意见又担心被认为是私下里评议是非。但是，这全是出于私心考虑而不知所措。在面临国家之难、面临攻伐战争之时，君子应当"不叩必鸣"，不可坐视事情向不好的方向发展下去。也就是说，既然我们已经离本而处末，就应当在末上有所作为，从末上把社会拉回到本上来。正因为这样，我们才能看到，墨子见难必救，亲身阻止过几次战争的发生。

墨子是一位敢于担当的人，不仅懂得本末兼治，而且真正地身体力行本末兼治之事。这是一位永远令世人敬仰的圣人。

2 告子[1]谓子墨子曰："我能治国为政[2]。"子墨子曰："政者，口言之，身必行之。今子口言之，而身不行，是子之身乱也[3]。子不能治子之身，恶能治国政？子姑亡[4]子之身乱之矣！"

---

① 《论语·阳货》。

② 《老子》第三十八章。

【注释】

[1]告子:墨子的弟子。

[2]为政:管理政务。

[3]是子之身乱也:这说明你自己本身混乱而不能治理。

[4]亡:是"防"字的音讹错写,应写作"防"。

【品读】

我国第一本字书汉代许慎写的《说文解字》这样解释"政"字:"政,正也。"中国古代的学者几乎都是在此解释的基础上进行发挥。如汉代郑玄说:"政,正也。政,所以正不正者也。"①宋代朱熹说:"所以正人之不正也。"②

如果说得明白一点就是:治国为政,其实质就是正天下之不正,让天下之人都走上正途。为什么天下一直得不到治理呢?这与为政者有巨大的关系,这也是《论语》中季康子所涉及的一个大问题:"季康子问政于孔子。孔子对曰:'政者,正也。子帅以正,孰敢不正?'"

要正天下,最重要的是正天下的人自身必须是正的。其自身不正,无论他用什么方法都是歪的。孔子所说的"子帅以正,孰敢不正",意即自身是正的,表现出来的自然而然就是正的,这样来正天下,谁能不正呢?道理很简单,就是为政者自身做好正的表率,让天下人看到什么是正,真正得到天下人的信服,那么一切都好办。墨子说:"政者,口言之,身必行之。"其意相同。口中所言,与实际所做是相同的,没有差误,这就是"信"字的本质含义。能如此,也就是孔子所说的"为政以德""子帅以正"。

告子向墨子说,他自己能治国为政,而墨子听后非常怀疑:"今子口言之,而身不行,是子之身乱也。"意即你自己虽然能说,但是却做不到,言行不一,你自己本身就已经乱了套了。如果一个人"不能治子之身,恶能治国政"?自身尚且没能治理得好,怎么能治国为政?所以,当务之急就是"姑亡子之身乱之矣",摆正自身吧!

《礼记·大学》中说道:"自天子至于庶人,壹是皆以修身为本。"治国为政者最根本的是修身,先把自身治理好,才能明白如何治理他人。这是中国古人的为政之道。

---

① (清)刘宝楠撰,高流水点校:《论语正义》,中华书局1990年版,第505页。

② (宋)朱熹撰:《论语章句集注》,中国书店1984年影印本,第52页。

鲁 问

1 鲁君[1]谓子墨子曰："吾恐齐之攻我也，可救乎？"子墨子曰："可。昔者，三代之圣王禹汤文武，百里[2]之诸侯也，说[3]忠行义，取天下。三代之暴王桀纣幽厉，仇怨[4]行暴，失天下。吾愿主君之上者尊天事鬼，下者爱利百姓，厚为皮币[5]，卑辞令[6]，亟遍礼四邻诸侯，驱国而以事齐，患可救也。非此，顾无可为者。"

【注释】

[1]鲁君：指鲁穆公。

[2]百里：国土方圆百里。

[3]说（yuè）：通"悦"。

[4]仇怨：报复那些与自己有仇怨的人。仇，报复。

[5]厚：厚重。皮币：毛皮和缯帛，古代用作聘享的贵重礼物。

[6]卑辞令：指言辞应谦恭，表现出对对方的尊重。

【品读】

面临强国进攻，如何做才是最佳选择呢？现实中可以有许多的答案，历史上也有许多的做法可资借鉴。

但我们必须要明白，这样的情势已经是事情的结果了，而且是不好的结果。之所以会有今天这个结果，不是没有原因的。当时的中国社会是周王天下，各诸侯国是兄弟国，彼此之间都以礼相待。这是天下人已经接受与认同的文化传统。打破了这个传统，天下才乱起来。这个时候鲁穆公问墨子："吾恐齐之攻我也，可救乎？"我们看墨子是怎么回答的："可。昔者，三代之圣王禹汤文武，百里之诸侯也，说忠行义，取天下。三代之暴王桀纣幽厉，仇怨行暴，失天下。"这个回答看起来太遥远，不能解鲁穆公燃眉之急，所以，大多数国君听到这样的言论，都会认为太迂腐。其实这才是最根本的解决方法，也是最简单的解决方法。

从具体方面来说，墨子讲道："吾愿主君之上者尊天事鬼，下者爱利百姓，厚为皮币，卑辞令，亟遍礼四邻诸侯，驱国而以事齐，患可救也。非此，顾无可为者。”一国之君，真正地要“上者尊天事鬼，下者爱利百姓”，这是最根本的。如果此前真能这样，那就不会出现眼前人们所不愿意看到的危难。“厚为皮币，卑辞令，亟遍礼四邻诸侯，驱国而以事齐”，是讲睦邻友好、以礼相待，这样才可救患、止患。这知理之言、明理之言，就看鲁穆公是不是能真心领会并去践行了。

由此可以看到，圣人处理问题，总是要回到根本上来，总是要回到正路上来。这才是圣人，这才是真正的智慧。《周易·系辞上》说：“天之所助者顺也，人之所助者信也。”想要得到天之助，必须顺天而行；想要得到人之助，必须相信圣人之所言。前此，鲁穆公之为已非顺天爱人之举，若再不能信奉圣人之所言，则病入膏肓，不可救矣。

2 子墨子见齐大王[1]曰：“今有刀于此，试之人头，倅然[2]断之，可谓利乎？”大王曰：“利。”子墨子曰：“多试之人头，倅然断之，可谓利乎？”大王曰：“利。”子墨子曰：“刀则利矣，孰将受其不祥[3]？”大王曰：“刀受其利，试者受其不祥。”子墨子曰：“并国覆军[4]，贼杀[5]百姓，孰将受其不祥？”大王俯仰[6]而思之曰：“我受其不祥。”

【注释】

[1]齐大王：即齐太公田和。大，通“太”。

[2]倅(cù)然：即“猝然”，一下子、突然。

[3]孰将受其不祥：谁将遭受到不祥的结果？

[4]并国覆军：兼并其国土，覆灭其军队。

[5]贼杀：残杀。

[6]俯仰：低下头，又抬起头。这里是指思索的样子。

【品读】

墨子有一套因果报应理论。凡做不义之事，天必罚之，鬼神必罚之；行义，则天必赏之，鬼神必赏之。所以，他要讲天志，讲明鬼。

这也是民间普遍流传的观念，只是人们在做事情时常常忘记了，不能与自己的所作所为联系起来。而对这一理论概括得最好的，莫若《孟子·梁惠王下》中提到的曾子的话：“曾子曰：‘戒之戒之！出乎尔者，反乎尔者也。’”即你向外发出去的是什么，返回到自身的就是什么。

这里墨子劝齐太公不要攻打鲁国就很巧妙地运用了这一理论。墨子是智者，虽然言不离此，但却让人感到并非言此。他问齐太公：“假如这里有一把刀，用它试人之头，头一下子就断下来，你说此刀是不是很锋利呢？”当然很锋利了，这一点恐怕谁也不可否认。那么再进一步，若试多人呢？结论也还是一样的。但是，如果做了这样的事情，问题就来了：“刀则利矣，孰将受其不祥？”齐太公毫不费力就能回答上来：“刀受其利，试者受其不祥。”墨子就是这样让齐太王成功地运用了一次因果报应的理论。

事已至此，该说的话也就十分明了了。墨子说道：“并国覆军，贼杀百姓，孰将受其不祥？”齐太公不得不低头而思之，然后不得不说：“我受其不祥。”

墨子劝人，劝得非常简单，不需要费多少口舌。《左传》中讲过：“多行不义必自毙。”这里墨子是说多行不义，必“受其不祥”，他把这个理论与具体的事情联系在一起，而不是空谈，实际上就是说，若攻打鲁国则齐太公本人必受其不祥。齐太公不得不低下了头。

同时，我们还可以看到，墨子问话问得非常残酷，是以刀试人头，任何人听了之后，都会感到残酷而难以接受。所以，这个“我受其不祥”是具有威慑力的。“出乎尔者，反乎尔者也。”如果攻打鲁国，那些残暴的事情是要返还到自身的，齐太公怎能不恐惧？

3　鲁阳文君[1]将攻郑，子墨子闻而止之，谓阳文君曰：“今使鲁四境之内[2]，大都[3]攻其小都，大家伐其小家，杀其人民，取其牛马狗豕布帛米粟货财，则何若[4]？”鲁阳文君曰：“鲁四境之内，皆寡人之臣也。今大都攻其小都，大家伐其小家，夺之货财，则寡人必将厚罚之。”

子墨子曰：“夫天之兼有天下也，亦犹君之有四境之内也。今举兵将以攻郑，天诛其不至乎？[5]”鲁阳文君曰：“先生何止我攻郑也？我攻郑，顺于天之志。郑人三世杀其父[6]，天加诛焉，使三年不全[7]。我将助天诛也。”子墨子曰：“郑人三世杀其父(君)而天加诛焉，使三年不全。天诛足矣，今又举兵将以攻郑，曰‘吾攻郑也，顺于天之志’。譬有人于此，其子强梁不材[8]，故其父笞之，其邻家之父举木而击之，曰‘吾击之也，顺于其父之志’，则岂不悖哉？”

【注释】

[1]鲁阳文君：即公孙宽，是楚平王之孙，司马子期之子。鲁，即鲁阳，是楚惠王授予公孙宽的领地，在今河南省鲁山县。

[2]鲁四境之内：指在鲁阳之内。

[3]大都：指大城。

[4]则何若：那将怎么办呢？

[5]“夫天之兼有天下也”至“天诛其不至乎”：天兼有天下，与你拥有国境之内的百姓是一样的。鲁阳与郑国都是为天所兼有，鲁阳攻打郑国，难道天不会诛罚你们吗？其，难道。至，到来。

[6]郑人三世杀其父：此指郑哀公、郑幽公与郑缟公三个国君被杀之事。据《史记·郑世家》记载：“哀公八年，郑人弑哀公而立声公弟丑，是为共公。三十年，共公卒，子幽公已立。幽公元年，韩武子伐郑，杀幽公。郑人立幽公弟骀，是为缟公。二十七年，子阳之党共弑缟公骀而立幽公弟乙为君，是为郑君。”父，当为“君”。

[7]不全：不顺，指荒年。

[8]强梁：凶暴强横。不材：不成器。

【品读】

鲁阳文君将要发兵攻打郑国，也就是说，楚国的一个城邑将要攻打郑国，按照当时的情势，应该是以强攻弱，但又是以小攻大。这是典型的无礼的行为。墨子听说之后，立刻赶来制止。墨子将如何说呢？

墨子问了一个问题：在你的境内，如果出现了以大攻小的行为，你将如何办呢？鲁阳文君说“鲁四境之内，皆寡人之臣也”，如果出现这种情况，“则寡人必将厚罚之”。也就是说，在我治理的范围之内，如果有如此严重无礼的行为，我将重重地惩罚他。这正是墨子想要得到的回答，而且他也必然会得到这样的回答。

墨子接着说：“夫天之兼有天下也，亦犹君之有四境之内也。今举兵将以攻郑，天诛其不至乎？”天兼有天下，就像你兼有四境之内一样。在你的境内出现彼此攻打的现象，你自然而然地要“厚罚之”，那么从天下来看，你攻打郑国，上天难道不会诛罚你吗？

话说至此，鲁阳文君本来应该已经知错了，但是，他还是不醒悟，还要为自己狡辩。他说：“我攻郑，是顺天之志。因为郑人三世杀其国君，天都给他们诛罚了，使郑国三年大荒，所以，我这样做，是要助天之诛。”鲁阳文君真是不知理，也不知礼，按理说，他应该提供援助，济其灾难，如何可以雪上加霜呢？墨子说，这好比一位父亲教训儿子，而邻家之父也拿着木棍去打这个儿子，嘴里还说“我打他，是顺其父之志”，这岂不是大错特错？

至此，我们一眼就看明白了，攻打别的国家与干涉别国内政，本来就是一回事。打着“顺天之志”的旗号，目的就是为自己兼并其民人土地的野心寻找借口。

主要参考书目

(汉)孔安国传,(唐)孔颖达正义,黄怀信整理:《尚书正义》,上海古籍出版社2007年版。

朱谦之撰:《老子校释》,中华书局1963年版。

杨伯峻编著:《春秋左传注》(修订本),中华书局2009年版。

(清)朱彬撰,饶钦农点校:《礼记训纂》,中华书局1996年版。

王焕镳:《墨子校释》,浙江古籍出版社1987年版。

谭家健、郑君华选译:《墨子选译》,上海古籍出版社1990年版。

孙诒让撰,孙启治点校:《墨子闲诂》,《新编诸子集成》本,中华书局2001年版。

吴毓江撰,孙启治点校:《墨子校注》,《新编诸子集成》本,中华书局1993年版。

王讚源主编:《墨经正读》,上海科学技术文献出版社2011年版。

程树德撰,程俊英、蒋见元点校:《论语集释》,《新编诸子集成》本,中华书局1990年版。

(清)刘宝楠撰,高流水点校:《论语正义》,中华书局1990年版。

胡平生译注:《孝经译注》,中华书局2009年版。

吴则虞撰:《晏子春秋集释》,《新编诸子集成》本,中华书局1982年版。

(清)焦循撰,沈文倬点校:《孟子正义》,《新编诸子集成》本,中华书局1987年版。

(清)郭庆藩撰,王孝鱼点校:《庄子集释》,《新编诸子集成》本,中华书局1961年版。

(清)王先谦撰,沈啸寰、王星贤点校:《荀子集解》,《新编诸子集成》本,中华书局1988年版。

张觉等撰:《韩非子译注》,上海古籍出版社2012年版。

许维遹:《吕氏春秋集释》,中国书店1985年版。

(汉)司马迁:《史记》:中华书局1982年版。

(汉)班固:《汉书》,中华书局1962年版。

(汉)桓宽著,王利器校注:《盐铁论校注》,天津古籍出版社1983年版。

刘文典撰，冯逸、乔华点校：《淮南鸿烈集解》，《新编诸子集成》本，中华书局 1989 年版。

（清）陈立撰，吴则虞点校：《白虎通疏证》，《新编诸子集成》本，中华书局 1994 年版。

章锡琛点校：《张载集》，中华书局 2008 年版。

余英时：《士与中国文化》，上海人民出版社 2003 年版。

余英时：《中国思想传统的现代诠释》，江苏人民出版社 2006 年版。

陈柱：《墨学十论》，广西师范大学出版社 2010 年版。

［美］本杰明·史华兹著，程钢译，刘东校：《古代中国的思想世界》，江苏人民出版社 2004 年版。

［德］卡尔·雅斯贝斯著，魏楚雄、俞新天译：《历史的起源与目标》，华夏出版社 1989 年版。

后记

能够用心品读圣贤经典，对任何人来说都是莫大的好事，我们从中能够获得人生的智慧。但是，要品读墨子，写成《墨子品读》这样一本书，却是一件极不容易的事情。当我接到山东大学马新教授的邀约时，我还是立刻就答应了，因为对我来说，这是一次很好的阅读与学习的机会。我很感谢马新教授。

这次写《墨子品读》，收获很大，确焉可见圣人所证得的境界都是相同的，圣人的用心都是相同的。也就是说，他们的根本之处是相同的，只是各自的表现不同，因为他们各自的身份、地位、环境、经历以及所面临的具体问题是千差万别的。而他们处理千差万别的事情时，实际上用的是同一个心性、同一个道。如同天地万物，虽然有动物有植物，有山脉有河湖，有平陆有高山，当然也有人与其他万物之别，但万物都是同一禀受天地之道。圣人就是在这同一禀受的根本之处相通相连，就是在这同一禀受的基础上行世为人。这一点，我在读墨子时感受很深。我常常想起孟子曾经说过的话："口之于味也，有同耆(嗜)焉；耳之于声也，有同听焉；目之于色也，有同美焉。至于心，独无所同然乎？心之所同然者何也？谓理也，义也。圣人先得我心之所同然耳。"①真是圣者之言。人最重要的感受应当是"心之所同然"，圣人之所以是圣人，是因为他们在此处已然"同然"了。古人有云："统万法唯一理，贯古今唯一心。"这正是圣贤所达到的真实境界。此心此理，只有在读圣贤经典时才能有所感悟。

此时面对《墨子》，我也才渐渐明白：经由善起，是由圣者纯净纯善的心性自然流露而成，是其真境之自然显现，不假造作，非是苦思冥想之理论建构。孔子言曰："述而不作。"②只是将真实之境说出来而已，正因为如此，所以才能契合古今人心。圣人生活在真里面，生活在真心、真的境界里面。惜我辈茫然不知，自暴自弃，故常处艰难困苦之境而不可拔，愈拔愈陷。所以，读圣人书可使人明目，使人看见自身之狭隘，看到自处环境之秽污。

每一个中国人都应当明白，生于中国是万幸中之万幸。我们有那么多的圣明之人，他们如同日月，彻天彻地照亮我们每一个人的心，照亮我们每一个人心中黑暗的地方。圣人之福德惠予人类者，莫大于此。所以，古之圣人无不赞叹更古之圣人，是心心相印而祖祖联芳也。孟子有言："天之生此民也，使先知觉后知，使先觉觉后觉也。予，天民之先觉者也；予将以斯道觉斯民也。非予觉之，而谁也？"③孟子将世间圣人之心、圣人之事已和盘托出。孟子，圣人也；孔子，圣人也；老子、庄子，圣人也；墨子，圣人也：皆"以斯道觉斯民"者也。

生于中国，已是身在福中了。

徘徊于圣人之门而难为言。今读《墨子》经典，只是略有所感而勉为解说。古人早有明训："所学为己，不足教人。"细心体会，其言是真言。今作《墨子品读》，权作阅读经典自家之分享。

感谢山东大学马新前辈，感谢山东大学出版社责任编辑马银川老师。

---

① 《孟子·告子上》。
② 《论语·述而》。
③ 《孟子·万章上》。

与马新教授虽未谋面，其为人之真诚、学识之严谨，时时给人以感染。马银川为本书的责编，认真负责，细节之事，往来反复，确然给人一个很好的认识。

由于学识所限，更有理解上的困难，书中难免存有不当之处，还望读者明鉴。

李吉东

2016 年 3 月 7 日